한국의 수필 대표작선집

사랑, 그 서툰 위선에게

소소리

한국의 수필 대표작선집
사랑, 그 서툰 위선에게

조윤정 수필선집

1판 1쇄 인쇄/ 2025년 6월 25일
1판 1쇄 발행/ 2025년 6월 30일

지은이 / 조윤정
펴낸이 / 우희정
펴낸곳 / 노서출판 소소리

등록 / 제300-2007-21호
주소 / 03073 서울 종로구 성균관로 5길 39-16
전화 / 765-5663, 010-4265-5663
e-mail: sosori39@hanmail.net

*잘못된 책은 바꿔드립니다.　　　　값 10,000원

ISBN 979-11-5891-220-8　　04810
ISBN 978-89-959287-6-9　　(세트)

한국의 수필 대표작선집

사랑, 그 서툰 위선에게

조윤정 수필선집

소소리

한국의 수필 대표작선집을 내면서

 오늘의 문학 현실을 위기라고들 합니다. 영상 혹은 전자매체의 범람 등으로 활자문화가 한계에 이르렀다는 우려입니다. 한편으로 위기는 기회를 뜻하기도 합니다.
 이 시점에서 수필문학의 주체적 진술방식과 시에 조금도 다를 바 없는 서정의 운문적 양식을 주시한다면 그 해결책이 어렵지 않다고 생각합니다.
 주변에는 치열한 작가정신과 파한(破閑)의 여정이라는 틀을 부수고 실험으로 투철한 용기 있는 문학인들이 많습니다. 개개인의 의도적이고 객관적인 처지를 모색하면서 그 특성을 작품으로 창출해냄을 높이 평가해야 합니다.
 우리의 수필문학을 오늘에 있게 한 중진들의 작품 가운데서 대표작이라 할 만한 것을 가려 문학사적인 정립을 시도한다면 그 중흥의 한몫을 해내리라 믿습니다.
 「한국의 수필 대표작선집」을 기획 편찬하는 까닭도 여기에 있습니다. 많은 참여와 조언, 지도편달과 아낌없는 협조를 당부 드립니다.

— 편찬위원회

차례 ◁

1. 괜찮다는 말

그림 한 점 · 8
등신과 푼수 · 11
전화하는 여자 · 14
십자가 · 18
낙서 하나 · 22
낙서 둘 · 23
낙서 셋 · 25
카페의 아가씨 · 27
내가 만난 '까미유' · 28
12월의 여자 · 31
오래된 주소 · 34
애증(愛增) · 37
내 탓이요 · 40
떠나가는 사람들 · 43
아들의 머루주 · 48
내가 불쌍해 · 53
다시 출렁이는 바다 · 58
지루한 일상 · 60
사랑? · 63
괜찮다는 말 · 65
델리카토(Delicato) · 67

2. 세상 읽기

70 · 부자 할머니
74 · 만남의 색깔
79 · 파란 마음
82 · 꼬마 남자 윤이가 내게 왔던 날
87 · 세상 읽기
93 · 인연은
95 · 사랑, 그 서툰 위선에게
100 · 골목길
103 · 날라리의 핑계
106 · 나이와 눈물
109 · 목욕탕 연가
113 · 어리보기
118 · 천국으로 가는 이삿짐
122 · 월덕 여사
128 · 아무도 없다
132 · 싸움 구경
136 · 나도 가끔은
139 · 거름 자리
142 · 쓸쓸한 생각
145 · 오후를 걷다
148 · 스무 살 그네에게
150 · 사랑도 집착이어라

1.
괜찮다는 말

그림 한 점

'불우이웃 돕기' 바자회장 한 귀퉁이 철조망에 유화 몇 점이 걸려 있다. 집에 걸려 있던 싫증난 그림들이 내몰려 나왔는지, 무명 화가의 그림인지는 알 수 없으나 번듯한 갤러리가 아니어서인가 행색이 초라하다. 옷이 날개라고 갤러리 흰 벽에 자리 잡고 있다면 원색의 채색이 저렇듯 경망스러워 보이지 않을 텐데 안쓰럽다. 자원봉사 명찰을 단 학생이 혹시나 하는 눈빛으로 나를 쳐다본다.

"만 원이에요."

"만 원?"

실소하듯 묻는 내게 학생은 "성금이니까 성의껏 주시면 되어요." 한다. 강한 느낌의 유화보다는 수채화를 좋아하는데 그중에 수채화는 없다. 먼지 풀풀 날리는 운동장 구석에서 애쓰는 학생의 수고가 대견해서 한 점 사려고 한참을 들여다보지만 마음이 닿는 그림이 없다. '차라리 그냥 만 원을 모금함에 넣고 갈까' 망설이는데 초로의 아저씨가 덥석 한 점을 집어든다. 난감하던 중에 구원이라도 받은 기분이 되어 아저씨가 지긋이 들여다보는 그림에 눈길을 준다. 흔한 풍경화일 뿐인데 그는 "야, 참 좋다." 하며 관심 있어 하는 내게 동의를 구한다. 광릉수목원의 개여울을 그린 듯 낯익은 풍경인데 가을의 중간쯤 되는지 단풍이 곱게 칠해져 있다.

그림 한 점을 갖고 싶었던 마음이 만 원이라는 가격에 용기를 낸 것일까. 가을 풍경이 정말 마음을 끌어 지나칠 수 없던 것일까. 둘 중 어느 것이든 그림은 '임자'를 찾았고, '임자'는 지갑에서 빳빳한 만 원짜리 2장을 학생에게 내밀었다.

"우리 딸년이 용돈을 주더라고…"

노점에 걸려 있는 초라한 행색에 교만한 시선을 꽂고 있던 내게 마음을 열지 않던 그림들이 그에게 안겨 간 이유가 거기에 있었다. 직장 생활을 하는 딸이 어버이날 용돈을 드렸는지, 시집간 딸이 친정아버지에게 찔러 주었는지 알 수 없는 새 지폐의 사각거림이 가슴을 따뜻하게 데

워준다. 자식이 준 용돈이 아까워 차마 쓰지 못하다가 마음에 흡족한 그림 한 점을 사다 걸어두고 아저씨는 오래도록 행복할 것 같다. 아침, 저녁 그림에 눈을 맞추며 그의 가슴은 사랑으로 채워져 그렇게 가족을 사랑하며 살아갈 것 같다.

신의 오묘한 사랑의 섭리가 내게 느껴진다. 거짓 사랑과 위선으로 교만한 잘못을 소리 없이 가르쳐 '만 원'을 적선하려던 등을 떠밀어 사랑 없이는 아무것도 아님을 깨닫게 한다.

나는 안다.

가장 먼저 사랑해야 할 사람들이 이곳이 아닌 다른 곳에 있음을.

등신과 푼수

 참석하기도, 거절하기도 어정쩡한 모임에서 돌아오며 병처럼 등신이라는 단어를 떠올렸다. 자존심은 소리 없이 밟혀지고 어깨는 처져 후줄근한 모습이려니 거울이 보기 싫었다. 등신은 '어리석은 사람'을, 푼수는 됨됨이를 이른다. '병신성스럽다'는 것은 병신처럼 못나고 어리석어 보인다는 뜻이니 지나친 자학일까 싶어 등신이란 말을 생각한다. 푼수가 못되어 얕보이는 걸까. 개도 무는 개를 돌아본다는데 발등을 밟히고야 자신의 위치를 되돌아본다.
 등신 같다는 불쾌감과 처세에 밝지 못한 미욱스러움에 화가 치민다. 매사에 인사 밝은 처세는 타고나는 것인지 왜 배워지지도 않는 걸까. 모르는 게 약이라고, 아는 게 병이라서 경망스러운 입방아에 스치듯 상처가 자국을 남

졌다.

"천천히 말하세요.
말을 줄이세요.
말하지 마세요.
대화는 말로써만 이루어지는 것이 아닙니다."

말에 대해 두려움을 느낄 때 되새겨 보는 수도승 'Eim Klein'의 시 구절이다.

말을 잘 하는 것과 말이 많은 것의 차이를 생각해 본다. 언변이 좋다는 표현은 진실성이 결여된 듯한 느낌을 주고 수다스러움은 빈 수레의 덜컹거림 같다. 남들 앞에 서면 꾸어다 놓은 보릿자루 같던 내가 말이 많아졌다는 것을 깨달았다. 나이 탓이기도 하지만 아이들 학교에서 임원 일을 보게 되면서 말이 많아졌다. 여러 사람과 부딪치며 자기방어의 변명이 늘고 중재를 빌미로 시행착오를 거듭하며 말이 많아진 것이다. 어느 순간 긴장이 풀어지고 경계심이 느슨할 때 말은 많아지고, 반드시 구설이 뒤따른다. 몇 번의 속 쓰린 경험으로 '말'의 무게를 가늠하게 되었다. '차라리 만나지나 말 것을' 하는 후회가 들 때는 이미 물은 엎질러져 있고 나불대는 입을 탓하며 E.K 의 시 구절을 떠올린다.

참 이상한 사람을 만났다. 한번쯤은 상대방의 말을 새겨들을 만도 하건만 작정한 것처럼 반은 자기 자랑이고, 반은 억지 논리로 뒤범벅이 되어 요점도 없다. 얼마 전에 명색 없는 점심 턱에 어정쩡했던 기억과 맞물려 오래도록 불편한 심기를 앓게 했다.

그들의 공통점은 '자아도취'라는 게 아닐까. 손가락질 받는 줄 모르고 왕관에 드레스를 떨쳐입고 설쳐대던 한물 간 탤런트의 작태처럼 착각 속에 빠져 있어 청맹과니의 노래를 부르고 있다.

어떻게 해야 할까 망설여진다. 쯧쯧 혀 한번 차고 모르는 체하는 게 말 많아진 내게 약이 되련만 수양 부족한 말참견이 튀어나온다. 아이들 말대로 '영양가' 없는 하루였음에 중년의 서글픈 바람이 이어진다.

돌아오는 날엔 현명하게 살게 해 주십시오.

말 많아진 경박스러움에 말을 덜어내고 인(忍)을 얹어 주십시오.

등신 - 보이지 않던 내 모습이 눈을 감아도 보인다.

전화하는 여자

 연휴 뒤끝에 선배와 통화를 했다. 책을 부쳐준 고마움과 명절 인사를 겸한 안부 전화였지만 오랜 시간 통화를 했다. 책을 내는 것에 대해 거부감을 갖고 있는 나의 증세를 솔직하게 얘기를 하니, 선배는 성품처럼 명쾌한 처방을 내렸다. 글을 쓰는 한 자식 하나는 보아야 하지 않겠느냐는 선배의 말처럼 준비는 해야 할 것 같았다. 글을 쓰는 사람마다 과정이야 어떻든 목적은 같을 것이라는 그의 말이 설득력 있게 들렸다. 내가 글을 쓰는 이유는 하고 싶은 말이 너무 많아서인지도, 살아온 날들에 회한이 많아서인지도 모른다.
 농담처럼 환갑에 책을 내겠다는 말을 자주 했다. 나이 60이 되면 눈치를 안 보고 하고 싶은 말을 할 수 있을

것 같았다. 내 의도와는 달리 자기 나름대로의 해석으로 섭섭해 하거나, 비난으로 가슴에 돌을 던지던 쓰린 기억들로 이리저리 피하고 말 돌리며 감추었던 속내를 훌훌 털어낼 수 있을 것 같아 나이 60을 노래했는지도 모른다. 60이 되려면 아직은 시간이 남아 있는데 보채듯 출간을 묻는 사람들에게 궁색하게 얼버무리던 내게 선배는 확실한 해답을 주었다.

"지금 준비하고 있어요. 준비가 끝나면 나올 겁니다."

준비하고 있다는데 언제냐고 묻는다면 더 할 말이 없지만 선배의 조언대로 열 개의 봉투를 준비해 놓고, 봉투마다 여섯 편씩 갈무리를 해 넣는다면 굳이 환갑을 기다리지 않아도 될 것 같다. 나이만큼 느는 배짱으로 내 분신을 보듬어 안아 건네지는 말들에 아랑곳하지 않을 것도 같다.

주부들이 전화기를 붙들고 수다를 떤다고 비난하지만, 수다를 떠는 것이 스트레스 해소에 도움이 된다는 조사 통계가 나왔다. 가끔 수다를 떨고 나면 쾌감을 느낄 때가 있다. 불만스러웠던 감정의 표출로 마음이 가벼워져 그 일에 연연하지 않는 것이다. 막막하고 답답할 때, 가장 먼저 떠오르는 상대는 늘 정해져 있다. 친구에게 온갖 하소연을 털어놓고, 또 그의 이야기를 맞장구치며 떠들고 나면 '…한동안 뜸했었지….' 노래가사처럼 불만이 비워져 한동안은 평온히 지낸다.

언젠가 마음이 상해 우울하게 지낸 일이 있다. 아는 사람 하나 없는 것처럼 전화도 걸려 오지 않아 세상에서 동떨어져 있는 것도 같았다. 내가 정을 주고 있던 사람들에게서 조롱을 당한 듯 분한 마음도 들었다. 얼마가 지나자 채점하듯 전화를 걸어오는 사람들의 진의를 가늠하게 되었다. 진심으로 안부를 물으며 병을 걱정해 주는 사람들과 전화를 걸 일도 받을 일도 없던 사람과의 통화는 구분이 되었다. 가깝다고 생각했던 사람이 불편한 일이 생길까 염려되어 일부러 모른 체하고 있다는 전언에 소스라쳐 놀라기도 했다. 그 말은 오래도록 상처로 남았다. 불편한 일은 피하겠다는 냉정함이 당연한 것인지는 모르나, 나 같으면 그러지 않았을 거라는 속 좁은 마음으로 그와는 소원한 사이가 되었다.

전화를 사용하는 예절을 배울 때, '용건만 간단히'라고 배웠다. 뒤에서 기다리는 사람을 배려한 공중전화의 예절인데, 여자들의 수다로 전화선이 모자랄 지경이라며 전화요금이 올랐던 시절이 있었고, 이제는 남아도는 전화선을 주체 못해 한 대씩 더 놓으라는 부탁도 들어온다. 편지가 가장 좋은 마음의 전달이지만 게으름을 핑계로 전화기를 든다. 따뜻하게 전해져 오는 친구의 음성을 들으며 수다를 위해 목소리를 가다듬는다.

 전화를 걸어 주는 사람들이 나는 늘 고맙다. 모나다 하지 않고 품어주는 배려가 가슴을 데워주기에, 받은 정(情) 이상의 사랑으로 전화를 하는 여자가 되고 싶다.

십자가

 어느 날 친목회에서 만난 회원이 내가 걸고 있는 십자가 목걸이를 보고 "피 흘리고 죽은 십자가를 흉하게 몸에 지니고 다니면 신상에 좋지 않으니 하지 마세요."라고 한다.
 그는 개인적인 친밀감은 없지만 10년째 계속되고 있는 친목회의 회원이고, 모든 이에게 겸손하며 예의바른 지성인이다. 주위의 소곤거림으로 일본에서 건너온 어느 종교의 맹신도라는 걸 알고 분별력 있어 보이던 사람이 사이비 종교에 빠져 있다는 게 믿어지지 않았다. 그의 집에서 안방에 모셔져 있는 제단을 보고 구토를 느꼈던 건 내가 가톨릭 신자이기에 거부 반응이 강하게 인 것이지만, 일본 귀신을 성심껏 모시고 사는 그를 이해할 수가 없다. 배우지 못하여 분별력이 없다면 몰라도 남편의 직장이나

그 위치를 생각할 때 그런 종교에 현혹되어 생활의 전부를 얽매어 놓고 산다는 건 정상인의 상식이 아닌 것 같다.

그는 회원들에게 은근히 전도를 한다.

"우리 교를 믿으면 부자가 된다. 내가 17평 아파트에서 2층 주택으로 옮긴 것만 보아도 알 수 있지 않느냐?"라며 '부(富)'에 초점을 맞추어 설득을 한다. 내가 오랫동안 병원 출입을 할 때도 "종교가 맞지 않아 그렇다"며 자기의 교로 오기를 권했다. 교리를 한 번만 들어 보면 참 진리를 깨달을 수 있다고 참을성 있게 설득을 했다. 회원들 중에서 가장 먼저 큰집을 장만하여 이사를 한 그는 무리하게 옮긴 탓에 빚을 졌다고 걱정이 많았다. 남편이 짜증이 심해진다고 하소연을 했는데, 갑자기 부동산값이 치솟기 시작하자 얼굴에 화색이 돌았다. 반지하와 아래층, 옥상까지 세를 주었는데 전세 임대료가 배로 인상되는 바람에 올려 받은 셋돈으로 빚을 모두 갚았다고 자랑을 했다. 자기가 믿는 종교 탓으로 복을 받은 것이라고 한다.

신문에는 천정부지로 치솟는 셋돈을 마련하지 못한 가장이 비관하여 자살을 하고 은행에서는 전세 보증금 대출이라는 비상 대책까지 마련되었다는 어두운 소식이 얼룩질 때였다. 그에게 오른 셋돈을 마련해 주기 위해 허덕였을 사람들의 쓰린 심정과 집을 사기 위해 마련했던 목돈을 고스란히 전셋돈으로 밀어 넣고 속상해 하던 친구가 생각났다. 빚을 모두 갚고 홀가분해 하는 그를 모두 떨떠름하게 쳐다본다.

　같은 아파트를 분양 받아 한 복도에 살게 된 인연으로 지금껏 만나는 우리 모임에 종교는 각각이지만 서로의 종교에 대해 험담은 하지 않는다. 나의 믿음이 소중하듯 남의 종교도 존중해야 한다고 믿기에 피차 종교에는 간섭을 않는데 유독 그만이 전도해야겠다는 사명감으로 자기의 교를 설명하려 애쓴다. 깍듯한 말씨와 조리 있는 말솜씨에 모두 경탄하고 칭찬하지만 십자가를 입에 올리자 기독교 신자인 회원이 벌컥 화를 낸다.

　'십자가의 의미는 피의 상징이 아니라 인류의 죄를 대신 지고 돌아가신 예수의 고통을 기억하고 죄 짓지 않으려는 순수한 의미'라고 불쾌한 기색을 드러냈다. 중구난방 종교 토론이 벌어져 잠시 소란이 있었지만 한 사람의 중재로 머쓱하게 커피잔만 들여다보다 돌아왔다.

　교리에 어긋나는 일이지만 나는 십자가의 주술적인 힘을 믿는다. 무당이 써준 부적을 믿는 미신론자처럼 십자가를 부적 여기듯 여기는 것이다. 남에게 설명하기 힘든 신앙의 체험을 했고, 그가 말하는 '복'일지도 모르는 은총의 경험을 감사하기에 가장 힘들고 절망적일 때 십자가를 앞세워 도우심을 청한다.

자신을 바치는 헌신적인 사랑, 희생을 전제로 한 사랑 - 아가페(Agape)가 그리스도의 사랑인데 그 사랑의 상징이 십자가이다. 피가 배인 고통의 상징이 아닌 사랑의 의미로 십자가를 지니며 사랑의 힘을 나누어 받고 나누어주게 되기를 바란다.

뜻도 없이 장식으로 손바닥만한 십자가를 목에, 귀에 주렁주렁 걸고 다니는 젊은이들의 철없는 행태가 한심하지만 굳이 나무라지 않는다.

피 흘리고 절망한 고통의 의미가 아닌, 아가페의 의미를 알게 되기를 기도 속에 기억한다.

낙서 하나

– 사랑의 방법

 나는 사랑하는 방법을 모른다. 단순 무식하게 마음이 가 닿는 대로만 사랑을 한다. 부모, 형제, 남편, 아이들, 친구들까지 내 방식대로 사랑하고 답을 기다린다.
 처음에는 무조건의 사랑을 하고 다음에는 계산을 하게 되었다. 나 자신도 알 수 없는 변덕이 작용해 긁고 긁히며 우선순위를 정한다. 내게 온 만큼의 사랑만을 돌려주기에 익숙해져 있는데, 주는 것 없이 받기만을 원하는 상대에게 증오의 감정을 숨기지 못한다. 잘못되었다는 걸 알면서도 사랑의 방법을 고칠 수가 없다. 너무 많이 다치고 메말라 버려서 건드릴수록 먼지만 피어오른다.
 내게 남아있는 사랑은 없다.

낙서 둘
- 타인

고등학교 2학년 아들녀석이 '학교'라는 울타리 안에서의 생활은 시간 낭비라고 단언한다. 배울 것도 인간관계도 실종이라고 그만두고 싶다는 말을 쉽게 던진다. 어이가 없어 허허 웃다가 덜컥 겁이 났다. 내게는 '아기'일 뿐이었던 아이의 머릿속에 가득한 생각들이 무서워졌다. 나의 이중성을 비난하던 어느 지나간 기억 속의 살기 띤 눈빛보다 더 무서웠다.

사회의 시선, 얼마 남지 않은 고교 시절, 정도(正道)가 곧 길이라는 나의 고리타분한 설득에 아이는 단 한 가지도 자기를 납득 시키지 못한다고 했다. 학과 진도를 나가는 것 외에는 아무 의미도 없는 학교를 그만두고 남는 시간에 '자격증' 하나 더 따고 검정고시 치러서 대학가는 게 훨씬 나을 것 같다는 아이는 벌써 학교를 그만두고 제 갈 길 가는 친구도 여럿 있다고 '엄마'의 '깨이지 못함'을 탓한다.

나는 사람이 무섭다. 제한된 공간 속에서도 뒤통수를 치는 세상인심인데 황야의 이리 떼 속으로 하루라도 일찍 아이를 내보낼 용기가 없다. 일년 남은 고등학교 생활인데 최선을 다해 보라고 우격다짐을 두었지만 마음은 불안하다.

남은 일년이 천년만 같은 날이다.

낙서 셋
- 그저 그런 날

 수치와 분노로 얼룩지며 또 한 사람에게 벽을 느껴야 했던 여름이 드디어 지나갔다. 기껏 맞장구 쳐 놓고는 고상한 체 "나한테 왜 그런 말을 하는지 이해가 안 가더라"며 말 하나를 더 만들어 놓았다고 해서 하루 종일 혼자 웃었다. 여자와 남자의 차이가 무엇일까를 생각하며 자꾸 웃었다. 엔도르핀이 샘솟았을지도 모른다.
 서늘해진 가을 날씨에 맞추어 마음도 서늘해졌다.
 "난 널 좋아해, 난 널 사랑해"
 노래를 부르고 싶은 날이다.
 이목구비 반듯한 미인은 보기만 해도 기분이 좋아진다. 그 미인이 노래방에 가자고 했었는데 나의 노래를 들으면 얼마나 웃을까 걱정되어 가지 않았다. 노래까지 잘 부르는 미인이 부럽다.
 '미안, 미안해. 네 속도 모르고 내 속을 보였던 그 일이 정말 미안해.'
 이렇게 살다가 정신병원에 가는 건 아닌지 모르겠다.

카페의 아가씨

문학 수업이 있는 날이면 으레 들르는 카페가 있다.
넓은 공간이 시원해 자주 가지만 인형 같은 아가씨의 살풋한 반김이 발길을 끈다.
호들갑 떨며 반기지는 않아도 식기 전에 채워주는 리필 커피와 끝없는 수다로 시간이 길면 슬쩍 들이밀어 주는 아이스크림의 마음씀이 고마워 다른 찻집으로 가는 건 배신 같게도 여겨진다.
자그마하고 깍쟁이 같은 소녀의 어느 구석에 그런 자상한 배려가 숨어 있는 것일까. 어머니 또래의 여자들이라 마음을 쓰는 걸까.
그 소녀의 새초롬한 표정이 사랑스럽다.
제 사랑 제가 받는다는 옛말이 새삼스럽다.

내가 만난 '까미유'

　식어가는 여름의 끝을 밟으며 찾아간 전시장 한 구석에서 지친 듯 머리를 화롯가에 기댄 채, 꿈을 꾸고 있는 여인을 보았다.
　'라벨'의 '볼레로'가 어울리는 정지된 시간이 그곳에 있었다. 그녀는 무엇을 꿈꾸는가. 그녀를 밀어내고 나를 앉혀 본다. 자작자작 소리를 내며 불꽃이 일 것 같다. 딱딱한 의자에 허리를 곧게 세워 등을 붙이고 앉아 본다. 편하지가 않다. 무릎에 있어야 할 실뭉치 하나 없는, 허한 절망이 전해지는 듯하다.
　남다른 불행이 천재를 빛내주기라도 하는 것처럼 '까미유 끌로델'은 불행의 구덩이에 서 있다. 18살에 '로댕'을 만난 불행의 시작은 조각가 '폴 듀보와'의 예언적 평가가 아니더라도 이미 마련된 운명이었다.

　18살에 시작된 '까미유 끌로델'의 사랑은 예술혼의 파편이었을까. '로댕'이라는 거목의 그늘에서 인생의 사망 선고를 받고, 30년을 절망과 비통으로 채웠던 까미유의 참담함….

　'로댕'과의 행복했던 시절 말기에 '까미유'는 '왈츠'를 제작하였다. 손바닥을 살며시 마주잡고, 유연하게 허리를 안고 돌아가는 '왈츠'는 '까미유'의 행복감이 절정에 달한 듯하다. '로댕'에게 실망하여 음악가 '드뷔시'에게 손을 내민 까미유는 기대만큼 위안을 받지 못하였는지, 그와의 짧은 교제 뒤에 제작된 '화롯가에서의 꿈'은 지친 삶이 묻어나올 것만 같다.

　여름내 지친 내 서글픔이 오래도록 이 작은 대리석상 앞에 서 있게 한다. 건성으로 웃는 사람들에 지쳐 울음이 나올 것 같은 마음이 위로를 주고받았다. 오만과 방종, 탐욕이었거나 타산적인 사랑이었을지도 모를 '까미유'의 참담한 인생은 50년이 지난 지금에야 보상을 받고 있는지도 모른다. 그녀의 또 다른 작품 '엘렌느'는 하잘것없는 인생으로 비기자면 너와 나는 비례한다며 턱을 치켜들고 조소를 보내고 있는데, 군상(群像)들은 입을 모아 칭찬하고 있다. 흙에 대한 본능으로 가꾸어진 천재 조각가, 영감(靈感)이 넘치는 아름다운 조각가라고…. 그리고 '로댕'의 불행한 연인이었던 일도 잊지 않고 있었다.

우유부단한 연인에게 애원하고 갈구하다, 더 큰 고통으로 비참한 생을 마감했던 '까미유'는 그녀의 의사(意思)와 상관없이 '까미유 끌로델'과 '로댕'으로 한 묶음 되어 돌아와 서 있다.

사람들은, '로댕은 까미유를 훔쳤는가?'라는 물음에 답을 구하며 그들 앞에 서 있다.

12월의 여자

 거울을 보기가 두려운 나이가 되었습니다. 늘 쓸쓸했던 것도 아닌데 살아오면서 언제나 한기를 느꼈습니다. 젊음만으로 아름다웠던 시절에도 따뜻한 온기가 그리워 도착지를 향해 걸음은 서둘러졌습니다. 돌아가는 것, 안주하는 것, 소유하는 것 모두에 허우적대며 고리를 걸었습니다.
 얼마쯤 달려온 것일까. 12월의 여자를 연민으로 바라봅니다. 말이 하고 싶었지만 말을 할 수 없었던 단발머리 아이. 새 학기 첫날 노래를 하라고 해서 책상에 엎드려 울었던 못난이의 기억은 차라리 정겹습니다.
 한 반 정원이 90명을 넘었던 콩나물 교실에서 숫자로 채워져 묻혀진 어린 시절, 백 점을 맞고도 시험지는 가방 안에서 구겨져 있었습니다. 10명도 넘는 임원 축에 끼이지 못한 자격지심에 자랑하면 안 될 것 같아서였습니다.

 말 안 하는 것도 병이라고 안달을 하는 어머니에게 떠밀려 걸 스카우트 단원이 되었지만 시샘어린 눈길이 꽂히는 단복도 괴로움이었고, 행사에 동원되는 분주함도 싫었습니다. 가만히 두어 두기를 바라는 내 마음과는 상관없이 자꾸 앞으로 나앉아야 했던 여드름 소녀의 고민은 아무도 관심 없는 부스러기 먼지 같은 생각의 나열로 끝났습니다.

 전쟁 치르듯 살아온 날들을 뒤로 웃음 헤픈 여자처럼 지금은 웃기도 잘합니다.

 말로써 말이 많아 구설에 휘말려 눈물도 질금거리고 되로 주고 말로 받는 여자가 되어 그래도 인간다워졌다고 위안을 합니다.

 하필이면 섣달 한추위에 태어나 새 생명은 울지도 못해 산파가 솜뭉치에 돌돌 싸서 아랫목에 묻어 놓고 목숨 줄을 열어 놓았다던 옛 이야기를 들으며 조물주께서 다음 세상에는 아프리카 원주민으로 태어나도록 배려하실 것 같다는 상상을 해봅니다.

 푸르도록 창백한 아름다움을 지닌 북구의 여인이기보다

는, 목이 길고 눈빛이 맑은 검은 피부의 야생의 여자가 되어, 한기 들어 시름시름한 12월의 여자를 전생의 기억으로 떠올려보고 싶습니다.

오래된 주소

"아직도 거기 사세요?" 소리를 듣는 사람이 부러울 때가 있다. 결혼 후 첫 살림부터 아파트 생활을 시작한 지금까지 수차례의 이사를 했다. 남편의 근무지를 따라 이사를 하거나 아파트 평수를 늘리기 위해 무 뽑듯 아이들을 전학시키며 이사를 다녔다. 이사한 수고만큼의 대가도 없으면서 주소는 등본 떼 보기가 부끄럽게 늘어서 있다. 주변에서도 5년이 넘게 한 곳에 사는 경우는 드물어 옮겨 다니는 게 정상인 것도 같았다. 몇 평 늘려 가는 재미에 황폐해져 가는 정서는 아랑곳하지 않은 채 늘 욕심을 앞세웠다.

이제 욕심도, 형편도 이유가 되지 않는 이사를 계획하며 난감한 심정이다. 정작 한 곳에서 친구 만들며 추억을 만들었어야 할 시기에는 이사를 다니다가 소꿉친구도, 야구 친구도 필요 없어진 아이들을 한 곳에 묶으려 한다. 가끔 큰아이는 3년쯤 살았던 17평 아파트 복도의 친구들을, 작은아이는 함께 유아원에 다녔던 친구들을 떠올리며 그리워한다. 가까이 지냈던 사람들과의 연락은 서로 이사를 다니다 끊어지고 아이들을 데리고 살던 곳에 가보면 낯설기만 할 뿐, 물 한 잔 청할 집도 없다.

당신 기분에 따라 '모여', '헤쳐'를 명령하는 시어른의 '모여' 신호가 없어 추석날 남편과 막연히 강화도를 찾았다. 길 따라 차를 몰다 우연히 창후리 선착장에 닿았다. 교동으로 가는 배가 20분마다 있다고 했다. 아는 이도 없는 섬으로 가는 배를 무작정 타고 교동에 내리자 아늑한 풍경이 가슴 하나 가득 들어왔다. 누렇게 패인 벼와 나지막한 산들의 곡선, 조용한 풍요가 가득 차 있어 '민간인 통제 구역'이라는 삭막한 팻말이 어울리지 않았다.

고향을 찾은 사람들의 느긋함이 가득한 낯선 곳에서 이방인이 되어 마을버스를 탔다. 교동에서 나고 자랐다는 버스 기사는 목적지 없이 탄 이방인을 태우고 고향사람들과 형제자매들의 소식을 묻고 전하며 신이나 했다. 많이 걸어 들어가야 하는 곳이다 싶으면 엿장수 마음처럼 그곳에 들러 고향사람을 내려주고 나왔다.

종점에 달랑 남은 남편과 내게 수평선 너머 북한 땅을 가리키며 황해도 연백 땅 염전이라고 일러주기도 했다. 맑은 날이면 북쪽 사람들의 일하는 모습도 보인다며 추석 날 헤매고 다니는 우리 부부가 실향민이라고 생각되었는지 안쓰러운 표정을 지었다.

되돌아 나오는 길에는 '선금'을 받아서 기다려야 된다며 성묘하러 올라간 산 밑에서 30분을 앉혀 두기도 했다. 그런 버스 기사의 느긋함이 당연한 것처럼 남편과 나도 과자를 먹으며 성묘객들을 기다렸다.

그저 푸근하고 느긋한 느낌이 좋았다. 그런 고향을 갖고 싶다. 언제고 제자리에 있는 집을 꿈처럼 그리면서도 이제 또 이삿짐을 싸려 한다. 편리를 좇아 싸고 또 싸 온 이삿짐.

꼭 한 번만 더 싸야지. 집이 멀다고 툴툴대는 아이의 학교 앞에서 맹모의 흉내를 내다 정말 내 집을 가져야지. 마당 하나 가득 안개꽃을 심어보고, 가지 휘어지게 달린 감나무를 부러워하지 않아도 되는 큰 길이 내다보이는 집에 마지막 짐을 풀어야지.

언제고 그곳에 있는 오래된 주소가 되어 내 아는 이들이 외로울 때 찾아와 아무 말 않고 뜰의 꽃만을 바라만 보아도 좋은, 먼지 끼어 정겨운 집을 모두에게 주고 싶다.

애증(愛增)

나는 콩쥐일까, 팥쥐일까.

며칠째 병실을 지키며 혼란스러운 내 안의 소리를 듣는다. 전래동화 속의 주인공 콩쥐 - 의붓딸도 아니며 착하지도 않은 내게는 맞지 않는 역할이다. 시샘 많고 철없는 팥쥐가 역할에 맞지만 '어머니'라는 매체를 놓고 보면 나는 콩쥐이어야 한다.

친정어머니는 평생을 '친정 식구'에 매달려 살아왔고 지금도 그렇게 살아간다. 어려서 생모를 잃고 맞아들인 계모 밑에서 4남매가 똘똘 뭉쳐 서로를 껴안으며 방어의 벽을 견고히 쌓아올렸다. 정(情)을 무기로 서로의 희생을 당연시하지만 그 속에서도 이기적인 형제는 손해 보지 않으며 자기 세계에 충실하고, 위아래 형제들의 고인돌 노릇

하던 어머니는 칠순이 넘은 지금도 그들에게 연연한다.

외삼촌은 늦장가들 때까지 우리 집을 맴돌았다. 별식이라도 있으면 감추어 놓고 동생에게 한 번이라도 더 먹이려 하던 어머니의 지극 정성은 좋은 감정을 가질 수 없게 했다. 조카들에게 따뜻한 구석이라고는 없던 그를 보는 것만으로도 나의 사춘기는 지옥이었다. 외아들 대접을 받는 오빠나 막내 사랑을 받던 동생에게는 그의 존재가 한 집에서 지내는 친척일 뿐이었지만, 내게는 어머니와 풀 수 없는 갈등을 심게 하는 존재로 시선조차 피하고 싶었다.

외삼촌이 장가들어 우리 집에서 떠나가는 날, 앓던 이가 빠진 양 시원했지만 얼마 지나지 않아 아내와 아이를 데리고 안방에 들어앉았다. 외유가 잦았던 아버지가 집을 비우면 어머니는 그의 집이 비좁고 춥다는 이유로 허겁지겁 안방에 들어 앉혔다. 아버지와의 불화는 언제나 외삼촌 때문이었고, 아버지 몰래 빚을 지어 풍비박산이 된 것도 외삼촌 가족의 치다꺼리와 병치레 때문이었다. 그런 어머니가 싫었다.

삼촌이 우여곡절 끝에 미국으로 가 정착을 하자 이제 어머니는 미국에 가지 못해 몸살을 앓는다. 한겨울 여행을 말렸던 지난겨울에도 그예 미국을 다녀와 시차가 맞지를 않아 힘들다 하더니 감기까지 겹쳐 병원 신세를 지고 말았다. 아쉬울 때면 '이모, 이모' 노래를 하던 이종사촌들은 얼굴도 비치지 않고, 딸이라 이름 하는 동생과 내가 병실을 지킨다. 동생의 입에서 한두 마디 전해진 병의 원인은 과로이지 싶었다. 미국에 도착하자마자 외숙모가 병이 나서 자리에 누웠고 친정에 와 있던 조카 손자까지 떠맡아 한 달 넘는 동안 살림을 맡다 온 터였다. 갈 때마다 두 달 비자를 채우고야 돌아오곤 했는데 이번에는 한 달만에 돌아와 웬일인가 했던 중이었다.

의무감으로 병실에 출근하면서도 어머니의 얼굴이 싫었다. 어머니로 인해 내가 받았던 곤혹의 순간과 경제적 손해, 남편에게 늘 미안해하며 살아야 하는 이유들로 차라리 내가 소식이 닿지 않는 곳으로 떠나고도 싶었다.

가슴속에 들끓는 증오의 감정들을 숨기느라 TV에 시선을 고정시킨다.

내가 품은 감정들은 후회로 골이 파인다 해도 오래도록 남아 와해될 수 없는 시름의 강을 채우며 흘러갈 것 같다.

내 탓이요

새벽 3시.

뒤척이다 못해 일어나 앉았다. 혼란스러운 감정 탓인가 종일 마음이 편치 않았다. 무언가 정리를 해야겠다는 느낌과 모멸감으로 가슴은 검정 물이 들었다. 소견 좁은 내 탓일까 생각도 해보았지만 허허 웃을 일만도 아니었다. 커피를 마시며 곰곰이 곱씹어 본다. 웃는 얼굴로 하던 인사치레가 뼈있는 말이었고, 저마다 잇속 차린 얼굴들이 떠올라 두통이 시작된다. 머리를 부딪고 싶을 만큼 통증이 오는 편두통 증세에 시달리며 12층 창밖을 내다본다. 우울증을 앓는 동서가 "형님, 옥상에서 빨래를 널다가도 뛰어내리고 싶어요." 하더니 내가 그 심정이다. 세 치 혀 끝을 조심해야지 하면서도 분을 삭이지 못해 어린 사람에게 속을 보였던 며칠 전의 일이 후회스러워 커피 맛이 쓰기만 하다.

깜박 조는 사이 내려야 할 정류장을 지나치듯 정리의 기회를 잊고 있었다. 하소연도, 비난도 접어두기로 하자.

"내 탓이요."

표어처럼 모든 게 모자란 내 탓이다.

'여행을 가야지.'

언제, 어디로, 계획을 세우느라 생기가 돈다. LA에 갈까 궁리해 본다. 지겹도록 들락거리며 유세하던 친척들. 살기 바빠 못 오는 친구들. 찾아갈 곳은 많다. 잘못 한 것도 없이 도망을 생각하니 우습기는 하나 여러 말 오가는 것조차 성가시니 피하는 게 상책이다. '사랑을 할 때는 장점만 보이고, 시간이 지나면 단점이 보인다'는 누군가의 말처럼 보여지는 내 단점이 한심해서 이제 지난 시간들에 문을 닫는다. 빗장을 걸어 다시는 열지 않으리라.

몇 년 전에도 그랬다. 모임을 갖던 아파트 입주 동기들이 쌓이는 정만큼 실망도 더해 가자, 하나둘 생채기가 생기며 만나는 일조차 고역스러웠다. 사람을 만나는 게 이렇게 힘든 것일까 싶은데 마침 이사를 하게 되어 연락을 끊었다. 처음 얼마간은 시원했지만 조금씩 궁금하기도 보고 싶기도 한 변덕에 웃으며 2년이 지나자 이별이 견딜 만했다. 그러니 모두 이별을 겪으며 사는가 보다.

얼마쯤은 행복하고, 반쯤은 짜증이 나며 그렇게 범벅이 되어 걸어온 길에서 잠시 두리번거린다. 50을 바라보며 철이 들어가는가 허황된 것에 도리질을 하며 삶을 추스른다.

"내 안에 계신 하느님, 견디기 힘들 때 등 다독여주신 것을 알고 있습니다. 펑펑 울고 싶을 때도 달래주신 것을 알고 있습니다. 교만하며 욕심 부릴 때는 조심스레 깨우쳐 주신 것도 알고 있습니다.

그런데 왜 가끔 원망스러울까요.

내 안에 계신 주님.

늘 주실 것만을 간구하는 어리석음을 용서하십시오.

이제, 미처 못 보았던 어려운 이웃에게 문을 열어 조금 남아 있는 삶을 당신께 바치겠습니다. 처음과 같이 지금도 손 내밀어 주실 것을 믿습니다."

떠나가는 사람들

 가끔 공항에 나가는 일이 있다. 세계화 추세로 유학 가는 조카들이 생기고 이민 가는 친지와 친구들이 늘었다. 미지에 대한 두려움과 호기심 속에서 그네들은 손을 흔들며 청사를 빠져나간다.

 먼 기억 속에 시골 비행장 같았던 김포공항에서 몇 번인가 아버지를 배웅했었다. 그때는 테라스 같은 곳에서 비행기에 오르는 모습을 직접 볼 수 있었는데 그 많은 환송객들 틈에서 용케 가족을 찾은 아버지는 체격만큼이나 큰 몸짓으로 손을 흔들었다. 한 번도 이유를 물어보지 않았지만 오빠는 늘 울었다. 맹숭맹숭한 내가 민망하도록 섧게 울었다. 어머니가 "왜 울었니?" 하고 물으면 "그냥 슬퍼서"라고 대답했다.

열두어 살 먹은 사내아이의 슬픈 이유는 알 수 없었지만 아들을 태양 보듯 하던 아버지와 오빠 사이에는 내가 감지할 수 없는 뜨거운 강이 흘렀나 보다.

 아버지의 출국은 내게는 자유이기도 했다. 지겨운 영어 시험을 보지 않아도 되고 조금은 늦게 귀가해도 되고 복작거리는 친척들의 들락거림을 겪지 않아도 되는 평화를 의미하기도 했다. 여고를 졸업할 때까지 되풀이되었던 아버지의 떠남과 만남은 규제와 구속의 대가처럼 해방감과 외제 물건들로 갚음되며 '공항의 이별' 같은 대중가사에 시들한 시절을 보내게 했다. 막연히 미국에 가게 될지도 모른다는 불안감과 기대로 가족을 들뜨게 했던 아버지는 가족을 데려갈 수 없는 곳으로 떠나 버리고 세월을 건너뛰며 오빠는 캐나다로 이민을 가버렸다. 아버지가 가려했던 미국은 꿈속의 도시로 스러져버리고, 아들은 다시 꿈을 꾸며 두 아이를 앞세우고 희망의 나라로 떠나갔다.

 아버지가 손을 흔들며 김포공항을 빠져나가면 가족들은 아버지가 돌아오는 것에 대해 아무 의구심 없이 충족을 기대하며 남아 있었는데, 오빠가 떠난 자리에는 홀어머니의 기약할 수 없는 만남에 절망하는 눈물자국이 스며들었다. 어머니에게 자식보다 더 귀했던 남동생은 미국에, 남편보다 더 섬겼던 외아들은 캐나다로 날아가 버렸다. 딸들의 눈치를 받으면서도 이삿짐 들어내듯 보따리를 꾸려 몇 차례나 동생을 만나러 미국을 오갔던 어머니는 웬일인지 캐나다에 가겠다는 말씀은 입 밖에 내지 않으신다. 서툴게 적어오는 손자들의 편지만 말없이 읽어낼 뿐, 아들의 빈자리가 노여움으로 채워진 것인지 짐작할 수도 없다.

어느 잡지에선가, 이민을 가는 사람들 중의 많은 수가 장남인데 한국인 특유의 장남에 대한 책임의식과 기대심리에 중압감을 느낀 장남들이 탈출을 시도한다는 내용을 읽었다. 공부시켜야 하는 동생도 없고 못산다고 손 내미는 형제도 없는 오빠의 떠남은 성취욕과 조카들의 교육을 위해서라는 명분이 앞서지만 마음 깊은 곳에서는 어머니의 족쇄로부터 도망치고 싶었을 것이라는 생각도 떨칠 수 없어 가슴이 아프다.

언니처럼 참아주고 모든 불평을 들어주고 작은 비밀까지 입 다물고 지켜주던 친구도 이민을 떠났다. 내가 겪은 '공항의 이별' 중에서 가장 서글펐던 이별이다. 친구도 오빠처럼 도망치듯 이 나라를 떠났다. 무수하게 참아낸 세월도 헛되게 참담하게 떠났다. 이민이라도 가야 살 것 같다던 하소연을 현실로, 사람들에게 떠밀려 공항에서 눈물을 보였다. 공항에서 울 일이 없던 나도 친구를 끌어안고 눈물을 흘렸다. 막막하고 분한 듯한 알 수 없는 심정이 복잡하게 소용돌이치며 너도 떠나라고 부추기고 있었다. 왜 부모 형제가 구속이어야 하는가. 있는 자와 없는 자의 구분이 왜 그렇게도 명확한 걸까. 과거에는 없던 졸부근성이 사람들의 심성을 파헤치는 데 의식 없이 동조되어 가는 인간관계들. 개구리가 올챙이 시절 모른다고 없이 살다 겨우 좀 살게 되었다고 상류층으로 착각하는 주위를 둘러본다. 친구의 등을 떠민 사람들의 얼굴이 가면을 쓰고 웃는다. 그들은 교양 있는 말씨로 크게 웃지도 않는다. 지나가는 말처럼 한마디씩 흘려서 상대방을 지옥으로 밀어 넣을 수 있는 천부적 재능을 가지고 있다.

공항에서 2시간 동안 친구 옆에 나란히 앉은 그들도 눈물을 닦아내고 있었다. 만만히 부리고 눙칠 새 한 마리를 놓친 아쉬움을 감추고 덕담도 곁들이고 잘살라는 후원도 하며 아파트를 팔아 돈을 마련한 친구에게 서운함도 보였다. 부모가 마련해준 집을 몰래 팔았던 친구는 말없이 고개만 숙이고 자근자근 입술을 깨물었다. 친정 식구들이 있는 캐나다로 가는 게 그들에게는 불쾌한 모양이다. 자리 잡은 친지들이 도와줄 수 있다면 다행스러운 일인데 그들에게는 핏줄인 오빠도 조카들도 보이지 않고 미운 올케만 보이나 보다.

친구의 눈빛에 자유의 기쁨이 반짝거렸다. 떠나는 이유는 초라하지만 살아가야 할 많은 날들에 희망이 얹혀져 그에게 삶의 욕구가 주어진다면 떠나는 이유를 굳이 묻지 않기로 한다.

공항에서 돌아오며 나도 떠나고 싶다고 생각했다. 동병상련처럼 나도 그들과 합류하고 싶다.

"나는 장남이라서 이민을 갈 수 없다."던 남편의 말이 긴 여운으로 남는다.

아들의 머루주

아이가 수학여행에서 돌아왔다. 얼굴에는 다하지 못한 여흥(餘興)의 아쉬움과 며칠간의 고생으로 초췌한 기색이 묻어 있다. 연거푸 밥그릇을 비워내며 주위를 맴도는 동생에게 으스대기도 한다. 부러움과 호기심으로 안달인 동생을 곯리듯 객기와 치기가 반씩인 여행담을 들려준다. 선생님이 주셨다는 한 모금 맥주의 맛에 대해 한 병쯤 마신 취기처럼 이야기하고 바닷가의 기마전에서 상대편에게 목이 졸려 기절할 뻔했던 영웅담과 얼마나 멋있게 사진을 찍었었는지의 부분에서는 벌겋게 상기된다.

늦은 귀가로 잠자는 시간 외에는 집에 있는 시간이 거의 없다시피 한데도 아이가 없던 3박 4일은 적막했다. 그대로의 생활인데도 작은아이는 심심해했고, 남편은 흘깃 흘깃 시계를 보았다. 아이가 돌아와 저녁을 먹던 10시쯤이면 나는 식탁에서 커피를 마셨다.

아이가 밥을 먹는 동안 하던 그대로의 버릇을 계속하며 지나치다고 지적 받는 나의 집착에 대해 생각했다. 종아리를 맞고 울던 꼬마였고 동전 몇 개를 들고 나가 새파란 유리알이 박힌 반지를 사다 주던 철부지였으며, 엄마를 따라나서는 걸 좋아하던 귀여운 아이 - 이제는 남자가 되어 버린 녀석에게 귀찮은 잔소리꾼이 되어 종종걸음치며 주위를 맴도는 이유가 무얼까.

친정어머니는 내게 따뜻하지 않았다. 어려서 생모를 잃은 외삼촌과 외아들을 끼고 있는 것만으로도 벅차 혹처럼 연년생인 내게는 나누어줄 관심이 없었다. '제 할 일은 제가 알아서 한다'고 칭찬 아닌 칭찬으로 내 일은 내가 알아서 하는 걸로 못이 박혔다. 어른들이 내게 간섭하는 경우는 거의 없었다. 간섭을 받았더라면 좀 더 나은 사람이 되었을지도 모른다는 자격지심이 언제나 나를 따라 다녔다. 결혼을 할 때도, 하고 나서도, 간섭을 받지 못한 나의 불만은 호들갑스럽게 튀어 나왔다. 외삼촌 혼사에 대한 어머니의 정성이 내게 나누어졌더라면 미처 헤아리지 못한 조건들이 짚어졌을 거라는 억지가 부부싸움 할 때마다 되살아났다.

　남편은 내가 어머니 못지않게 품고 앉은 아이들을 나약하다고 마뜩찮아 한다. 큰아이는 아버지의 간섭을 힘들어 하고 키가 크는 만큼 내게서도 멀어져 간다. 감겨 있는 실 꾸러미에서 조금씩 풀려나가며 퉁명을 부린다. 이제는 묶어 놓은 매듭을 풀어내야겠다는 자각은 아들의 선물에서 일깨워졌다. 곰살궂게 사들고 오는 아이들의 선물이 하잘것없어 아무것도 사오지 말라고 다짐을 받고 여행을 보내지만, 아이들은 잊지 않고 목걸이와 팔찌, 나무 주걱과 인형들을 사들고 온다. 이번 여행에서도 큰아이는 선물을 사들고 와 보따리를 풀었다. 물건의 질보다 장난기와 호기심으로 선물 꾸러미 앞에 모여 앉는다. 동생에게는 열쇠가 꽂히는 은제 목걸이를 준다. 사내녀석들이 자연스레 목걸이를 사다 주고받으며 어색해 하지 않는 게 요즘 세태인가 싶고 목걸이를 하고 다니는 사내들을 혐오하던 나의 고정관념에 충격이 온다. 꼴불견이라 싶던 사내녀석들이 히죽히죽 웃으며 내 앞에 서 있는 것만 같다. 남편도 피식 웃는다. 엄마의 선물은 조각이 섬세한 코끼리형 목걸이다. 옛날 같이 울긋불긋 구슬 목걸이가 아닌 것에 안심하며 나무 조각을 손에 쥐어 본다. 단단하고 섬세하다. 관광지에서 팔려온 물건 같지 않게 예리하게 다듬어져 있다. 만족해하는 내게 아이는 득의양양한 웃음을 보낸다. 차례를 기다리는 남편은 '설마 목걸이는 아니겠지'라며 불안해한다. 담뱃대나 등긁이, 열쇠고리 중의 하나일 것이라고 짐작하던 우리 앞에 아이는 작은 술병 하나를 꺼내 놓았다. '설악산 머루주' 여섯 글자가 또박또박 걸어들어 온다. 아버지에게 술병을 내미는 아이의 손이 문득 남자의 손 같다고 느껴진다. 아이가 아닌 커다란 남자의 손, 내 손보다 훨씬 크고 두터운 손을 보며 '정말 컸구나' 중얼거렸다.

뜻밖의 선물에 남편은 당황하고 "천연 과즙이라 몸에 좋대요." 선전 문구처럼 되뇌며 아이는 아버지의 건강을 염려한다. 갑작스런 복부 통증으로 불안해하며 종합검사를 받았던 아버지의 건강이 녀석에게 걱정이었나 싶어 측은하다. 우리 가족 모두에게 충격을 주었던 H씨의 죽음이 후유증으로 길게 남아 불안으로 깔려있다는 게 서글펐다. 막역지간(莫逆之間)이었던 H씨의 아들과 동갑내기인 녀석이 친구의 불행을 지켜보며 마음이 깊어진 걸까.

나누어준 선물에 만족해하는 가족들을 의기양양하게 둘러보며 아이는 문소리를 '탁' 내며 제 방으로 들어갔다.

색깔이 고운 머루주 한잔씩을 앞에 놓고 남편은 아이의 마음씀을 대견해 하고, 아이의 방문소리가 내 가슴 깊이 울려오는 걸 느끼며 나는 이제 아이의 전부가 아님을 인정하고 머루주의 고운 빛깔을 눈여겨본다.

내가 불쌍해

 용변이 급하자 아이는 떼구르르 굴렀다. 방과 방 사이를 굴러 변기에 아랫도리를 얹었다.
 TV 화면을 응시하던 등줄기로 참담한 충격이 전해져 온다. 이 세상에 존재하리라고는 상상조차 못했던, 만화 속에나 있을 법한 몸통만 있는 생명이 거기에 있다. 달걀 귀신과 빗자루 귀신, 아이들을 잡아먹는다는 홍콩 할머니 귀신 이야기에 밤이면 문밖 나서기가 두려웠던 어린 시절의 기억이 눈앞에 있다.
 앞니가 빠진 7살짜리의 얼굴은 장난기와 수줍음으로 천진난만하다. 임산부가 입덧 완화제로 먹은 약의 부작용으로 수백 명의 기형아가 태어났던 세계적 사건의 전말은 알고 있었지만 신체의 일부가 아닌, 사지가 전혀 없는 기형은 우리나라의 이 아이 단 한 명이라고 한다. 몸뚱이만 붙어 있는 아이를 품어 안아 기를 용기가 어미에게 없었던 탓에, 내버려진 생명을 어느 신부님이 거두셨다. 아이는 누워서 책도 보고 입으로 할 수 있는 최소한의 동작을 해결한다. 순번제로 엄마 노릇을 해주는 수녀들의 맑은 눈빛이 경이롭다.

구원받으라고 '구원이'라는 이름을 붙여준 세상은 무엇으로부터 구원받으라는 걸까. 초등학교 입학 통지서를 받고 신부님은 구원이를 등에 지고 아이에게는 평생에 한 번 가보는 것일지도 모를 학교를 찾아갔다. 입학 허가를 곤란해하는 교장 선생님 앞에서 구원이는 구구단도 외우고 동시도 외운다. 아이가 또래들과 정상적인 교육을 받기를 원하는 신부님의 간절한 부탁은 거부되고, 한 주에 두 번 방문지도의 약속을 얻어낸 신부님의 발걸음은 힘이 없는데 등의 아이는 세상 구경이 즐겁기만 하다. 학교생활을 하려면 누군가 늘 옆에서 보살펴야 한다는 고충보다는 그 아이와 같이 학교에 다니기를 꺼릴 대다수의 불평과 편견이 학교측의 입장에서는 곤혹스러울 것이다. 장애자에게 가혹한 인심을 생각한다면 처음의 거절이 차라리 두 번, 세 번의 상처보다는 낫지 않을까.

구원이는 신부님이 되고 싶다고 했다. 육신이 완전한 남자만이 신부가 될 수 있다는 걸 아이는 아직 모르고 있다. 조화가 깨어진 신체는 끊임없이 잔병치레를 하며 성장한다. 하반신이 없는 탓에 치밀어 오르는 고열과 피부병을 친구처럼 같이 하면서 얼굴은 어른의 모습으로 바뀌어갈 텐데, 오뚝이의 형상으로 세상을 버티고 있는 아이를 신부님은 생명의 존귀함을 증명하는 실체라고 하신다. 봉사자들이 자신의 성한 아이들을 데리고 와 구원이와 놀게 하는 모습은 신선한 청량제 같다. 다른 아이들처럼 웃고 떠들며 친구들의 방문을 신나 하는 구원이가 몇 살까지 살 수 있을지는 아무도 모른다.

나는 아이가 자신의 처지를 깨닫지 못하기를 바란다. 정신적으로 겪어야 할 성장기의 문턱에서 결코 신부가 될 수 없다는 것도, 신부님의 보호 없이는 하루도 이 세상을 살아 낼 수 없다는 것을 구원이가 영원히 모르기를 바란다. 사람들은 구원이가 세상에 존재하지 않을 때에야 그 아이가 천사로 다녀갔음을 비로소 깨달을 거라고 한다.

인간은 누구나 자기 몫의 십자가를 지고 태어난다. 살아가며 치러내야 할 고된 삶이다. 연기 때문에 눈물을 흘리면서도 불을 지피듯 신께서 마련해 놓으신 길을 결과를 향해 걷는다. 가장 참담한 모습으로 세상에 와서 버려진 생명이면서도 불신할 줄 모르는 심성을 보며 이지러진 마음들이 부끄러움을 느끼기를 바라시는 것이라면 도구로 쓰여진 아이에게 너무 가혹한 처사가 아닐까. 구원이를 돌보라고 한다면 누가 거리낌 없이 안고 먹이고 씻기며 사랑할 수 있을까. 내 아이와 같이 자리에 눕혀 재울 수 있을까.

이중성을 헤집는 머릿속에 뜬금없이 아이들의 말놀이가 떠오른다. '내가 불쌍해'라는 게임인데 한 문장의 뒤에다 '…내가 불쌍해'를 붙이는 것이다. 입시 교육에 지친 아이들이 말장난을 통하여 욕구 불만을 푸는 재치가 엿보여 웃음을 짓게 한다.

'배꼽티를 입을 수 없는 내가 불쌍해'
'기차 타고 정동진에 갈 수 없는 내가 불쌍해'
'살찔까봐 군것질을 참아야 하는 내가 불쌍해'
'성적표 받고 집에 가기 싫은 내가 불쌍해'

듣다 보면 정말 불쌍한 아이들이다 싶은데 나에게도 '…불쌍해'를 붙이니 나도 불쌍해진다.

아이들에게 거는 기대로 욕심 사나운, 남의 탓만 앞세우는, 온전한 믿음 없이 믿노라 하는, 남의 떡이 커 보여

의기소침한, 말뿐인 봉사로 실천하지 못하는 내가 불쌍해.

끝도 없이 이어지는 '내가 불쌍해'는 아이들의 치기 어린 말장난이 아닌, 현실에 얽매여 위선적인 나를 돌아보게 한다.

정말 나는 불쌍해.

구원이를 덥석 안을 수 없는 내가 불쌍해.

다시 출렁이는 바다

 유유자적(悠悠自適) 춤을 추는 바다 속 생물의 움직임은 안온(安穩)을 느끼게 한다. 인어 공주의 동화가 아니더라도 알지 못하는 세상이 숨어 있을 것만 같은 가슴 두근거리는 호기심. 비밀스런 바다의 세계.
 긴 항해를 꿈꾸어 왔지만 실천의 용기도 실현의 가능성도 없다. 탯줄을 달고 둥둥 떠 있던 양수 속에서의 항해를 뒤로, 늘 출렁이는 물결을 감지하며 세상을 살아왔다. 넘칠 듯 큰 파도가 덮쳐 오면 나침반의 바늘이 가리키는 대로 뱃머리를 돌려 위기의 순간을 지나왔고, 가라앉아 넘실대는 물결을 쓸어안으며 내 인생의 한 부분을 다독여 왔다.
 누구나가 가슴속에 가득 차 있어 출렁이는 바다를 생각

해 본다.

  삼킬 듯 달려들던 성난 눈빛의 물살과 쓸려 간 기억들로 회한을 앓게 하기도 하던 무형의 출렁임을 들여다본다.

  삶의 무게는 꼭 그만큼씩 담겨져 왔었다.

  노(怒)한 만큼의 무게로, 잔잔한 만큼의 무게로….

  얼마간 고요했던가.

  발끝으로 와 닿는 출렁거림의 느낌.

  이제 또 한 번의 소용돌이 속으로 나를 몰아간다.

지루한 일상

나아질 것 없는 일상이 되풀이되고 있다.

불쾌지수는 위로만 솟고 짜증나는 일들은 줄을 서서 인내심을 시험한다. 사람들은 저마다의 잣대로 세상을 보려하고 타협하기에 인색하다.

'내가 보기에는'이라는 전제가 붙으면 대개는 독설도 합리화되어 포장 배달이 된다.

'내가 보기에 그는 인색하고 독선적이다'라고 하면 듣는 이들은 떠오르는 상대를 곧장 '그'와 결부시키고 '그'라고 단정 지어 '그'에게 그러지 말라고 한다. 내가 생각하는 그는 그가 아닌데 사람들은 그라고 합의를 본다. 그리고 그들은 그에 대한 나의 생각을 정리해 주려고 한다.

비관론자는 아닌데 늘 사는 것에 회의를 느낀다. '나는 행복해요'라고 말하는 사람들을 만나면 무엇에 행복하다는 것인지 알고 싶어진다. 사위를 본 여자가 '아직도 남편의 팔베개를 하고 잔답니다' 할 때는, 다만 징그럽고 심하게는 '꽤나 밝히는군' 코웃음을 치면서도 '그래 행복해서 좋겠다' 해야지, 그게 뭐가 행복하냐고 따질 수는 없는 일 아닌가. 아주 작은 일에서 행복을 찾고 느낄 수 있는 사람이라면 틀림없이 심성이 맑고 따뜻한 사람이라 가까이 하고 싶어야 하는데, 나는 행복하다고 입에 달고 다니는 사람을 만나는 일이 피곤하고, 열심히 사는 사람들을 만나면 쫓기는 기분이 들고는 한다.

증세를 보면 무인도에 가서 혼자 살아야 하나 보다.

함께 갈 사람이 있을까 짚어보니, 친구 하나는 같이 갈 것 같은데 그 친구는 남편 흉을 볼 때 기가 막히게 죽이 맞는 친구다. 나와는 상반된 성격인데 오랜 세월을 허물없이 지내고 있는 것을 보면 둘의 관심사나 취향이 엇비슷하기 때문인데, 어느 때는 이 친구가 차라리 남자 여자로 만났더라면 싶기도 하다. **靜**과 **動**의 성격인데 찰떡궁합처럼 맞아떨어지는 생각들이 불가사의하기도 하다.

친구에게는 모든 일을 솔직하게 얘기하고 '나쁜 x'이라고 욕도 한다. 체면이나 가식없이 속 시원히 이 일 저 일을 털어놓고 깔깔 웃으며 '정말 나쁜 ××들이야' 하고 나면 체증이 가라앉아 며칠은 가뿐한 마음이다.

어제, 오늘 친구가 그리운 날이다. 욕이 하고 싶어서 입이 근질거리는데 하필 휴가 중이다. 같이 흉을 보며 깔깔거리던 옆지기와 동해안을 돌고 있단다.

"너는 성격도 좋다." 했더니 "별수 있냐? 그래도 남 주기는 싫은데…." 그랬다.

남 주기는 싫다고?

친구의 그런 사랑 고백이 가끔은 귀엽게 들린다.

사랑?

'은희' 씨의 글을 읽으며 새삼 '사랑'을 생각했습니다.
며칠 전에 저도 그 프로그램을 보았습니다.
왜소증 아내와 소아마비로 몸이 불편한 남편.
두 사람의 아끼고 사랑하는 마음은 보기 좋았지만, 사랑하는 아들이 자식 낳는 것을 반대하는 어머니의 심정은 어떨까도 생각했습니다.
다행히 정상아를 낳았지만, 그 아이를 잘 키워야 하는 책임을 그 부부가 어떻게 감당할지 걱정이 되기도 했습니다.
말끔하게 씻겨 놓은 아기가 정말 예쁘더군요.
사랑은 무한정이겠지만, 아이가 자라며 정상이 아닌 부모로 인해 받아야 할 고통(?)은 얼마나 클까 싶으니 두 사람이 미웠습니다.

자식은 부모의 소유물도 아니며, 부모의 노후를 위한 대비책도 아닙니다.

한 사람의 사회구성원으로 살아낼 수 있도록 양육을 해야 하는 책임을 아이가 세상에 나온 그 순간부터 져야 하는 게 부모입니다.

당장 살기에도 막막한 두 사람이 단지 자식을 갖고 싶다는 욕심으로 아이를 낳는 것 같아 남편보다 아내의 철 없음(?)이 미웠습니다. 자신들이 져야 할 짐을 아이에게 떠넘기는 것은 아닐까 조바심도 나더군요.

매스컴을 탔으니 딱한 사정을 동정하여 처음 몇 번은 도움이 있을지도 모르겠습니다.

처음 몇 번은요….

그다음은 어떻게 할 건지요?

장애인으로 결코 살아가기 쉽지 않은 이 나라에서, 이 사회에서 그 아이를 어떻게 보살필 건지, 가슴은 무겁기만 합니다.

저는 그 사람들의 사랑이 아름다운 것보다 아무것도 모르고 곤히 잠들어 있던 아기의 맑은 모습이 가슴 아려 울적하기만 합니다.

제발 복권이라도 맞아 그 부부가 걱정없이 살게 되었으면 좋겠군요.

괜찮다는 말

 '괜찮은 사람'이라는 소리를 듣는 게 스트레스라고 친구가 불평했다. 처음에는 몰랐는데, 자꾸 무능하다는 소리 같아 귀에 거슬린다는 것이다. 내가 보기에도 그는 괜찮은 사람이다. 친절하고, 능력 있고 겸손하며 이악스럽지 않아 베풀 줄도 아는 사람이니 누구나 그를 괜찮은 사람이라고 한다. 잘 참아주는 성격이라 그가 화를 내는 것을 본 일도 없다. 그래서인지 주변사람들이 그를 쉽게(?) 대하는 것을 가끔 보게 된다.

 그와의 약속을 어기는 것을 대수롭지 않게 여기고 그가 지불하는 음식값도 당연한 듯이 받아들인다. 그는 여럿을 위해 자신의 불편을 감수하는데 사람들은 그가 늘 양보하고 손해 보기를 기대한다.

적정선을 넘었는지 그는 요즘 우울해한다. 문득 사람이 싫다는 생각이 들어 모든 일에 짜증이 생겨 살맛이 안 난다고 한다. 의기소침한 그를 보고 주변에서는 변했다고 한다. 전 같지가 않다고···.

전 같다는 게 뭘까 생각해 보니 예의 그 양보와 손해다. 눈을 부릅뜨고 빼앗기지 않으려 안간힘을 쓰는 세상 인심이라, 주는 데에 익숙한 그가 만만하고 머저리 같아 보였는지도 모른다. 나 자신 그에게 바라는 게 많았구나 싶어 우울한 그를 보며 위로랍시고 너답지 않게 왜 그러냐고, 능력이 있으니 사람들이 바라는 게 많은 거라고 너스레를 떨었다.

사람들은 곧잘 선한 사람을 바보로 만든다.

바보가 많은 세상이 좋은 세상이 아닐까···.

의심할 줄 모르고 나누어 갖기를 즐거워하는 그가 바보 같다는 자괴감을 느끼며 우울해하는데도 모두 그가 바보이기를 바라고 있다.

내가 '바보'같이 살 수 없는 현실을 눈감고 싶어서가 아닐는지···.

델리카토(Delicato)

사전에서 낱말을 찾다 '델리카토'에 시선이 갔다.

'섬세하고 아름다운 기분' - 난 그런 기분이고 싶었다.

조금은 우울하고, 약간은 환멸스러운 상태가 오래 지속되어 무엇에건 몰두하고 싶은 심정이었다.

식상하다는 건 기분 좋은 일이 아니다.

마비된 이성으로 내 삶을 허비했다는 자괴감과 소리 지르며 신경의 날을 세운 '쌈닭' 같은 꼴불견에 진저리를 치고 있는 중이었다.

시시비(是是非)로 시비곡직(是非曲直)을 하는 많은 입과 눈들에도 지쳐 있었고 내 자신의 영혼을 갉아먹는 자학에도 대책 없는 즈음이었다.

발상의 전환과 생각의 변화.

그런 문장들이 눈에 들어오고, 추스르리라 마음먹었다.

허섭스레기들은 내다버리고 태울 건 태우자.

홀가분해지는 내 안을 들여다보며 흡족한 웃음을 웃다 만났다.

성장을 하고 만나고 싶은 사람이 있는 느긋하고 여유로운 기분. 지고이네르바이젠이나 헝거리안 랩소디가 들릴 것 같은 말랑한 기분.

그날 나는 델리카토를 만났다.

섬세하고 아름다운 기분 - 오래 내 것으로 하고 싶었다.

2.
세상 읽기

부자 할머니

 쇼핑 도중에 장난감코너를 기웃거렸다. 어찌나 예쁜 인형들이 많은지 감탄이 나올 지경이다. 딸이 없으니 인형이나 소꿉놀이 도구들을 살 일이 없어서 이렇게 가지 수가 많은가 싶어 놀랐고, 값도 꽤 비싸 세상 참 변했구나 싶었다.
 줄 데도 없으면서 인형을 고르느라 열중하고 있는데 옆에서 네댓 살 먹은 계집아이를 데리고 인형을 고르던 젊은 엄마가 "그건 비싸니 할머니보고 사 달라고 해."라며 아이의 손을 잡아끌었다.
 비싼 것은 할머니보고 사 달라고 해라는 말을 들으니 뒤통수를 한 대 맞는 기분이었다. 아직 할머니는 아니지만 언젠가는 할머니가 될 것이고 나도 비싼 장난감을 사

달라고 할 손자가 생길 것이다. 요즘 아동복값이 어른 옷값을 웃돌고 수입품 장난감들이 수십 만원씩 한다는 소리는 들었지만, 남의 일이겠거니 했는데 조만간 내가 치를 일들이다. 언젠가 딸을 여읜 선배가 시집보내고 나면 힘덜 줄 알았는데, 웬걸, 사위에 아이까지 달고 오니 그 시중이 여간 힘든 게 아니라며, 명절이다, 생일이다 챙겨야 할 일이 어찌나 많은지 전에 없이 옷 한 벌 제대로 못해 입는다고 했다. 그때는 웃었는데 오늘은 실감이 났다. 아이가 치맛자락 잡아당기며 "자-거-" 하는데 어떻게 모른 체 돌아서며 또 못 사줄 형편이라면 얼마나 무참하고 자신이 서글프겠는가.

요즘 세상이 자식한테 기댈 생각은 말아야 하고 기댈 생각도 없지만, 노후 대책에 손자 녀석들 장난감값도 계산해 두어야 하나 싶다.

젊은 엄마의 약삭빠른 계산이 얄미웠지만 부모들이란 내어주는 사람들 아닌가. 내 아이도 외갓집에서 첫 손이라, 옷이며 장난감을 내 손으로 사줘 본 일이 거의 없다. 외할머니의 취미 생활이 아이 옷 사고 장난감 사는 일로 바뀌었는지 일주일이 멀다 하고 온갖 것들이 소포로 부쳐져 왔다. 사내아이라 장난감 총들과 자동차, 유행하는 탈

것들이 아이에게는 넘쳐났다. 이웃들은 속도 모르고 부러워했는데 나는 혼자 계시는 어머니의 씀씀이와 노후라고는 걱정을 않는 무사태평에 조바심이 나서 부쳐져 오는 소포 꾸러미들이 반갑지 않았다. 그러지 마시라고 아무리 지청구를 해도 어머니의 대답은 한결같았다.

"지금이나 사 주지, 나중에는 못 사 줄 것 아니니."

그 나중이 통장이 마르는 일이었고, 아이가 유치원과 초등학교를 다니는 동안 소포는 더 오지 않았다. 장난감이 필요 없는 나이가 되기도 했고, 아이에게는 컴퓨터니 피아노니 고가의 물건들이 필요하게 되었기 때문이다.

명절이면 외할머니는 아이들에게 봉투를 손에 쥐어 준다. 책을 사 보라거나 필요한 학용품을 사라는 대신에 맛있는 것 사 먹고 좋은데 놀러 가란다. 아이들에게 무언가를 주지 못해 의기소침한 친정어머니를 보면 가슴이 답답하고 어쩌다 생기는 용돈을 쓰지 않고 모았을 그 봉투가 원망스럽다. 내가 무슨 돈이 필요하니 하면서 자리 밑에 밀어 넣던 얇은 봉투들.

달력을 보며 명절, 생일을 헤아려 친손자, 외손자들의 머릿수대로 봉투를 만들었을 노인네의 손길이 나이 들어가며 내 모습으로 비춰지니 나도 많이 걸어왔나 보다.

"비싼 것은 할머니보고 사 달래." 하던 아이 엄마의 목소리가 자꾸 들린다.

부자 아빠가 되고 싶다던 어느 광고의 한 구절이 생각난다.

나도 부자 할머니가 되고 싶다.

만남의 색깔

 살아가는 동안의 만남은 헤아릴 수 없어 가끔은 하얗게 잊기도 하고, 만나지지 않는 어긋남으로 가슴을 앓기도 한다. 내가 만났던 많은 우연(偶然)이나 필연(必然)들 - 그것들에 색을 칠해 본다. 멍의 빛이라 서러운 푸른빛은 우울한 기억으로 떠오르고, 솜털 같던 그네의 따뜻함은 시골집 아낙네의 분홍빛 저고리로 채색된다. 노랑은 질투라 했던가. 젊은 날의 치기(稚氣)는 내 것 아닌 것에 상심하며 시기심(猜忌心)으로 오랜 세월 가슴속에는 흙탕물이 흘렀다.
 지금껏 살아오며 만난 많은 사람들. 그네들과 내가 엮어진 인연의 끈은 쉬이 끊어지기도, 동아줄처럼 탄탄하게 이어지기도 한다. 나는 우유부단(優柔不斷)한 단점이 있어

'아니다' 싶을 때도 늘 멈칫거리며 돌아서지를 못한다. 미련이 있는 것도 아닌데 내가 오해하고 있을 수도 있고, 혹은 상대에게 못할 짓을 하는 것 같아 엉거주춤 들어가지도 나가지도 못하면서 문턱에 걸려 넘어지기를 여러 번이다.

불혹의 나이를 지나기까지 고치지 못한 그 못난 버릇으로 수모(受侮)를 당한 기억은 십여 년 세월에 검은빛을 칠해 놓았다. 사람과 사람 사이에는 예(禮)가 있어 서로를 존중하고 배려하기에 우정이든, 사랑이든 자리하는 거라고 믿고 있다.

나는 원칙을 지키는 사람을 존경한다. 말과 행동이 일치하는 사람이 쉽지가 않기에 최소한의 원칙을 지키는 사람이라면 믿을 만하다고 생각한다. 원칙을 지키지 않는 게 흔한 일이 되어 한 입으로 두 말을 하는 사람들은 부끄러움을 모르고 같은 몰염치를 되풀이한다. 국회에서 벌어지는 이전투구(泥田鬪狗)를 질타하는 입들이 자신은 예외로 돌려놓고 돈이나 권세를 좇고 굽실대는 꼴불견이 어디 한두 가지인가?

세상일에 눈이 어두워 도리니 의무니 하는 것들에 치여 허우적대다 지울 수 없는 쓰린 기억 하나 가슴에 새겨 놓았다. 먹물로 문신을 새긴 꼴이라고나 할지….

 만나는 일은 부딪침이다. 원하든 원하지 않든 잠시 마주치는 일 - 그 일이 우연보다는 필연에 가깝다는 사실이 가끔은 섬뜩하다.

 두 번 다시 보고 싶지 않다고 생각하는 사람을 오도가도 못하는 상황에서 마주쳤을 때, 애써 태연(泰然)을 가장해야 하는 곤혹스러움으로 비죽 웃었던 웃음이 비굴해서 자존심이 상했던 한두 번의 기억이 누군들 없을까.

 절묘한 시간의 맞춤 공간에 들어서 있을 때, 함께하는 누군가가 이왕이면 손을 내밀어 반기고 싶은 사람이기를 나는 절실히 바란다. 와해(瓦解)되지 않아 추스를 수 없는 감정이라면 마주치지 않는 일이 평안에 가깝기 때문이다. 삐걱대는 소리가 들리는데 굳이 굳어진 얼굴로 억지춘향의 흉내를 낼 필요는 없다.

 처음에는 그것의 정체가 혼란스러웠다. 찍어 먹어봐야 하는 장맛도 아니건만, 쓴맛, 단맛을 구별 못해 앉지도 서지도 못하고 눈치를 살폈다. 그 공간에 물감을 부으면 뒤범벅으로 물결치다 아마도 회색으로 남을 게다.

 계산이 빠르다는 건 살아가는데 큰 재산이다. 계산이 빠른 사람들의 두뇌 회전에 밀리며 뒤늦은 셈을 해보니 그래도 남는 게 있다. 만나지 않아야 하는 사람을 구별할 수 있는 눈치도 생기고, 달면 삼키고 쓰면 뱉는 '생활의 지혜'도 터득했다. 나도 그들처럼 달면 삼키고 쓰면 뱉어 손해 보지 않을 거라는 오기가 음흉한 그늘로 자리한다. 그것의 색깔은 홍수로 탁해진 강물 빛일까.

 픽픽 실소를 자아내게 하던 몇 사람들의 기억. 다정다감 살갑게도 굴더니 어느 한순간, 아는 체하지 말자고 약속이나 한 듯이 생경(生梗)한 얼굴이 되었다. 그네들의 야박한 인심을 지켜보며 고소를 금치 못했다. 금이 간 항아리를 같이 때우자고 할까 봐 겁이 났었나 보다. 그 정도의 구별은 하노라고 안심시키고 싶지만 그도 마다할 테니 웃을 수밖에⋯.

 별것 아닌 것에 안간힘 쓰며 연연해하는 자리 지키기가 안쓰럽고 민망하니 서툰 붓으로 얼굴 벌건 주홍색 물감을 풀어 본다.

 과거에 나는 '이러이러했노라'고 노래를 하던 사람의 자존심이 하찮은 개가 되어 굽실대는 꼴불견도 보면서 만나지 않았더라면 좋았을 만남에 대해 가슴을 친다. 되돌려 지워낼 수 있다면 그 덴덕스러운 관계들에 끓는 물을 부어 닦아내고 닦아내어 자국조차 남지 않게 하련만⋯.

얼마 남지 않은 시간들을 아껴야겠다는 조급한 생각이 든다. 좀 더 현명했더라면 하는 아쉬움을 누르고 은근한 파스텔 색조에 눈을 돌린다. 남은 시간들에는 모나지 않고 튀지 않는 원칙에 충실한 색이 칠해지기를 기대한다. 셈이 느린 아둔한 사람이었으니 굳이 셈을 하느라 속을 끓이고 싶지 않다.

나는 만나기를 주저하는 만남은 돌아보지 않으려 한다.

저마다의 속도 조절이 필요한데 같이 보조를 맞추자고 구걸을 할 필요는 없다. 처음부터 이어지지 않았던 끈을 잘못 잡았던 시행착오는 서둘러 끊어버려야 한다.

자신의 잣대로 재어 시비곡직(是非曲直)을 하는 시비주비에도 이제는 개의치 않는다. 구차한 관계의 정산을 끝내고 돌아 나올 때의 개운함을 아는가.

나머지 없이 계산은 끝났다.

청명한 가을빛이다.

이제 나는 다시 부딪쳐 오는 인연을 만나러 간다.

파란 마음

 지하철을 이용하는 편이라 버스를 타면 불안하고 거리에 관계없이 멀미가 난다. 난폭운전도 그렇지만 거친 운전기사의 말씨에 지레 질려 의붓자식 눈치보듯 좌불안석이다. 친절한 기사보다 성질 사나운 기사를 더 많이 만나서일까, 선입견이 지워지지 않는다.
 가락시장이 가까이에 있어 버스를 타면 짐 보따리를 잔뜩 들고 타는 아주머니들을 많이 보게 된다. 푸성귀 조금 싸게 산들 무어 그리 큰 도움이 될까싶지만, 결사적으로 짐을 끌고 타는 힘겨운 모습을 보면 사는 게 뭘까 싶어진다.
 먼지 톡톡 털며 차리고 나선 내 옆자리에 그네들의 곤한 삶이 비릿한 냄새로 전해져 올 때 슬쩍 틀어막는 나의 교만을 그들이 모를 리 없다. 꽃무늬 손수건을 코에 대고 있는 내 서슬에 동년배의 그네는 어떤 심정이었을까.

'그래 너 잘 났다'

코웃음치며 파란 비닐 봉투를 잡은 손에 힘을 주었을 게다.

가락시장을 지나다니며 등 굽은 여인네가 이리 많은 줄을 처음 알았다. 이기지도 못할 짐을 겁없이 끌고 다니는 그네들의 굽은 등이 처음에는 보기 싫었다.

왜 곤한 사람을 보면 마음이 이렇게 불편한 걸까. 그들의 삶을 착취하고 살아온 듯한 죄의식은 또 무엇인지 모르겠다. 아무 느낌 없이 먹고 마신 비싼 음식과 가치 없는 낭비의 기억으로 그들을 보는 마음은 지옥이다.

운전기사의 짜증으로 죄인처럼 굽실거리는 어머니들을 상관없는 남의 일로 냉랭하게 지켜보며 지나왔던 내가 새삼 괴로운 건 또 다른 색깔의 위선이다. 그들의 짐을 들어 올려준 일도, 흔들리는 차에서 넘어지지 않으려고 안간힘을 쓰며 손잡이를 잡고 서 있어도 자리를 양보한 일도 없는데 새삼 무슨 양심선언인가.

철들자 망령이라더니 힘 없어진 지금에 와서 사는 일에 회한을 앓는다. 사람들을 만나고 인연을 맺는 일이 겁나는 일임을 깨달은 뒤늦은 지각(知覺)이 허허롭다. 자신의 잣대로 비난을 퍼부으며 정도(正道)를 이야기하는 가르침에 마음은 다시 얼음 꽃이 핀다.

  가락시장 앞 버스정류장에서 비닐 봉투를 들고 지쳐가는 삶이 오늘은 안쓰럽다. 그들의 초점 없는 눈빛을 보며 덕지덕지 붙어있는 위선을 떼어낸다.

  타고 가야 하는 버스를 향해 내달리는 발걸음에 달려있는 족쇄를 본 날, 나는 내 발목을 내려다본다.

  같은 색깔의 사슬이었다.

  '어미'이며 '아내'인 한없이 강한 근성의 뿌리가 내게도 있었다.

꼬마 남자 윤이가 내게 왔던 날

 여름 들어 가장 더운 날, 두 아이를 데리고 버스를 탔다. 집을 나서자마자 땀은 비오듯 흘렀다. 안양까지는 두 시간이 걸린다고 남편은 조심하라고 당부를 했다. 큰아이가 여덟 살, 작은아이가 세 살이었다. 이사 갈 준비를 위해 도배와 전등이 제대로 시공되어 있는지를 살피고 청소라도 해놓고 올 요량이었다.
 집에서 그곳까지는 버스를 세 번 갈아타야 했다. 처음에는 견딜 만했다. 해가 뜨겁기는 했지만 버스는 냉방이 되어 있었고 아이들도 오랜만에 나선 나들이를 즐기느라 차창 밖을 내다보며 즐거워했다. 두 번째 탄 버스는 냉방이 되지를 않아 달구어진 양철 속에서 사우나를 하는 것 같았다. 땀이 흘러 온몸이 젖어들고 아이들도 지쳐 칭얼

대기 시작했다. 멀미를 하는 큰아이는 얼굴색이 노랗게 변해 힘들어하고 작은아이는 그 더운 날에 품에 안겨 칭얼댔다.

차는 겨우 과천 입구에 들어서 있었다. 더는 견디지 못하고 아이들을 데리고 중간에 내려 그늘에 아이들을 앉혀두고 공중전화를 찾았지만 그 흔해빠진 전화기는 눈에 띄지를 않았다. 남편에게 데리러 오라고 하려던 생각은 수포로 돌아가고, 겨우 찾은 구멍가게에는 먼지 쌓인 과자봉지가 햇빛에 녹아드는 것 같았다. 다행히 찬 음료수는 있어 아이들과 목을 축인 후 다시 버스를 탔다.

초행길이라 긴장되었고 혼자서 아이 둘을 데리고 길을 나선 것은 처음이었다. 다시 버스를 타려고 하자 아이들은 질색을 했지만 어쩔 수 없었다. 택시는 보이지도 않았고 되돌아가기에도 먼 길이었다. 어쨌거나 이사할 집에 가봐야 했고, 퇴근을 하고 그리로 오겠다던 남편도 기다려야 했다. 다시 탄 버스는 냉방이 되었지만 이번에는 내가 쓰러질 것 같았다. 더위에 지친 몸이 갑자기 찬바람을 맞으니 땀이 식으며 한기가 들면서 머리가 깨질 듯이 아팠다. 식은땀까지 흘러 그대로 눕고 싶었다. 내 몸을 지탱하기에도 힘이 드는데 두 녀석은 잠이 들어 품에, 무릎에 쓰러져 있었다.

겨우 안양 입구에 도착하고 안내양은 노랗게 질려있는 나를 안쓰럽게 보며 내려주는 곳에서 지하도를 건너 다시 버스를 타라고 했다. 거의 다 왔다는 안도감에 기운이 나서 급하게 내렸지만 한 발짝도 못 걸을 것 같았다. 길바닥에 주저앉아 움직이지를 못하니 큰아이가 겁이 나서 내 어깨를 감싸 안았다.

"엄마, 멀미나? 토하고 싶어? 응?"

아이의 눈에 눈물이 그렁했다. 제 녀석도 멀미를 하더니 잠깐 잠이 들었던 게 도움이 되었는지 기진맥진한 나를 보고 애를 태웠다. 차장이 알려준 지하도 계단은 오르지 못할 산처럼 높기만 했다. 웅크리고 있던 내 등에 찰싹 붙어 있던 작은아이가 안아달라며 품을 파고들었다. 어지간히 지쳤는지 아이는 '안아줘' 소리를 되풀이하며 걷지 않겠다고 떼를 썼다. 아이를 안고 계단을 오를 자신이 없어 아무리 달래도 도리질이다.

동생을 윽박지르던 큰아이가 등을 내밀며 '형아가 업어줄게' 했다. 동생이 들을 리 만무하다. 다시 '안아줄게' 했지만 그저 엄마등에 들러붙어 떨어질 줄을 모른다. 속이 탔는지 큰놈은 '너 엄마 아픈 거 몰라?' 하면서 울음을 터

뜨렸다.

 초등학교 1학년 어린아이가 무슨 힘으로 제 동생을 업고 그 긴 계단을 오를까. 멍하니 주저앉아 그 녀석이 애태우는 모습을 보려니 가슴 한 구석이 찡하다. 겨우 추스르고 일어나 작은아이를 등에 업었다. 큰녀석이 가방을 들고 제깐에는 나를 부축한답시고 뒤에서 낑낑대며 내 등을 밀었다. 지하도에서 나오자 얼른 아이가 말했다.
 "인제는 형 차례야. 형아가 업어줄게."
 무슨 마음이 들었는지 작은놈은 순순히 제 형에게 업혔다. 큰놈은 땀에 젖어 물을 뒤집어쓴 것 같았다.
 "엄마, 조금만 가면 되지? 우리 걸어가자. 아기는 내가 업고 갈게. 차 타면 또 멀미나잖아."
 택시정류장까지 큰아이는 처음으로 동생을 업고 작은놈은 제 형의 등에서 떨어질세라 힘껏 달라붙어 있었다.
 두 녀석이 태어나서 처음으로 형제애를 느꼈을 것 같다. 늦본 동생으로 불만이 많던 녀석이었다. 아직 어린아이인데도 '형'이라고 반강제로 양보를 하고 야단도 더 맞았던 아이다. 엄마를 빼앗긴 설움에 울보가 되기도 했는데….
 큰아이는 새집으로 오자마자 바로 목욕탕으로 들어가

동생부터 깨끗이 씻기더니 가방에서 새옷을 꺼내 갈아입히고 누워있는 나에게는 물수건을 가져다주었다.

"엄마 나 저기 상가에 갔다 올 수 있어. 가서 아픈 약 사올까? 아가는 짜장면 시켜줄까?"

그때서야 아차 싶었다. 아침을 먹고 나온 지 한참 되었고, 그리도 진을 뺐으니 얼마나 배가 고플까….

무슨 몹쓸 일이라도 겪은 것처럼 마음이 아파 큰아이를 끌어안았다. 시원하게 씻고 기운 차린 작은녀석은 "형아 짜장면 사와." 하면서 제 형의 목에 매달린다. 비실비실 누워있는 엄마보다는 제 형이 미더운 눈치다.

나는 그날 성가시게 굴며 툴툴대장이었던 큰녀석이 세상 어느 남자보다 미더웠다. 뜨거운 염천에 그 먼 길을 아이들을 딸려 길을 나서라 했던 남편 대신 큰아이가 든든한 기둥으로 내 안에 자리하는 것을 보았다.

지금도 나는 그날 큰아이가 '형아가 업어줄게' 하며 들이밀던 작은 등이 바다처럼 넓게 느껴진다.

사랑하는 아이들, 세윤, 세영.

내 살아있는 이유 중에 가장 소중한 존재임을 순간인들 잊을까.

세상 읽기

 TV드라마의 두 주인공 '아지태'와 '장진구'가 세간에 화제랍니다. 표리부동(表裏不同)하고 이현령비현령(耳懸鈴鼻懸鈴)하는 세태를 실감나게 보여주어 '아지태' 같다거나 '장진구' 같다는 말은 욕이 된답니다.
 먼저 '아지태'를 살펴보니 요즘 정치하는 사람들의 모습 그대로이더군요. 안 그래도 서로 '아지태'라며 삿대질하는 꼴불견도 한차례 있었답니다. 권력에 붙어 권력을 탐하는 영리한 개(犬)가 되어 갖은 감언이설(甘言利說)로 자신의 탐욕을 채워나가다 여의치 않자 주저 없이 배신의 칼을 들이대는 인간의 본성은 누구나에게 숨겨져 있는 게 아닐까 싶습니다.
 사람마다 감투를 지향하는 속물근성이 있어 초등학교에

서도 '반장'을 하겠다고 어른 뺨치는 공약을 내세우고 선거운동도 대단하다는데 떡고물 많다고 소문난 정치판은 오죽할까요. 진흙탕 싸움을 예사로 보고 자라온 아이들이니 나무랄 염치도 없습니다. 어머니들의 성원도 한몫해서 과열 양상까지 보인다니 구경하는 재미가 여간 아니랍니다.

없이 살아온 서민(庶民)이라 분수를 모르고, 반장, 부반장 맡아오는 아이를 말리지 않고 잘한다 추켜세웠으니 속마음이 다른 데에 있던 담임선생님이 책걸상 커버를 빨아오라고 보내도, 기름걸레를 빨아오라고 들려 보내도, 엉겨 붙은 기름을 표백제에 담가서라도 뽀얗게 빨아 보내며 요지부동인 학부형이 얼마나 답답하고 미웠을까요.

그나마 다행인 것은 미운 오리새끼인 줄 모르고 학교에 다닌 아이들입니다. 눈치 없는 엄마를 닮아 눈치가 없는 아이들은 제할 일 다 하고, 친구들과 부대끼며 씩씩하게 학교를 다녔습니다.

알았어도 별수 없었겠지만, 그때의 아둔한 엄마노릇을 생각하면 미안한 마음까지 듭니다. 돌아온 구두 상품권을 청백리(淸白吏)에 비추며 감격까지 했으니 울어도 시원치 않습니다.

나는 천성이 게으르고 우유부단한 면이 있어서 사람을 사귀지 못합니다. 곰살맞게 굴어 정을 붙이지도 못하고 재바른 몸짓으로 사랑을 받지도 못합니다. 남이 하는 양을 부러워는 하지만 흉내도 낼 줄을 모르니 소외당하는 것은 어쩌면 당연한 일인지도 모릅니다.

바보 노릇은 한 번이면 족한데 불혹의 나이까지 바보 노릇을 했습니다. 눈흘기는 줄도 모르고 앞에서 얼쩡거렸으니 얼마나 미웠을까요. 보다 못한 주위의 타박을 받고서야 '어머 뜨거워라' 자리를 비켰습니다. 그제야 제대로 줄을 선 사람들의 얼굴에 화기가 돌았습니다. 세상인심의 한 단면이 적나라하게 보였습니다. 평범한 사람들도 '아지태' 못지않게 감투에 연연한다는 걸 놀란 가슴으로 지켜봅니다.

줄을 잘 서려는 사람들을 탓할 수는 없습니다. 이 세상 살기가 그렇게 덴덕스럽다는 걸 몰랐던 아둔한 소치가 잘못인 거죠. 뒤늦게나마 자리를 비켜 앉아 좋아라하는 저들을 지켜보며 가슴을 쓸어내립니다. 눈치가 없는 것도 민폐(民弊)라는 걸 이제야 알 것 같습니다.

극중의 '장진구'라는 위인을 보면 흔하디흔한 위선자 중의 하나입니다. 두 얼굴을 한 사람들이 넘쳐나는 세상인데 유독 '장진구'가 문제가 되는 이유를 모르겠습니다. 남들에게는 인심이 후한 사람이 제 식구에게는 야박한 경우를 수도 없이 들었고, 아내와는 눈도 맞추지 않는 졸장부들이 밖에 나가서는 점잖은 체, 인심이 후한 게 보통의 모습인데, 왜 사람들이 호들갑을 떨며 화제를 삼는지 알다가도 모르겠군요. 바람을 피우는 사람들이 어디 한둘입니까? 요즘은 주부들도 공공연하게 애인을 두고 있답니다. 그것도 능력이라고 하더군요.

등잔 밑이 어둡다고 남편만 모르는 애인을 코앞에 두고 사는 여자가 능력이 있다니, 애인 하나 만들지 못한 '푼수'들은 단체로 교육이라도 받아야 할 것 같습니다. 살림 냄새나는 '아줌마'이긴 해도 근사한 남자와 영화에서처럼 사랑을 꿈꾸는 백일몽(白日夢)쯤은 꾸어도 되지 않을까요.

너나없이 '장진구'를 나쁜 놈이라고 하지만 도둑이 제 발 저리다고 자신을 보는 것 같아 속이 뜨끔했던 남편들이 거울에 비치듯 보이는 그 위선과 비굴함, 비겁한 자가당착(自家撞着)을 반성은 했을까요. 전혀 상관없는 남의 일로 모른 체 살아가는 사람이 더 많지 않을까 싶네요.

상상력이 풍부한 작가들의 기발한 착상에 감탄하면서 다음에는 온갖 교양과 우아함을 가장한 여자들의 숨겨둔 사랑을 긁어줄 드라마가 하나 있었으면 좋겠습니다. 그럴 듯한 소재를 제공할 수도 있는데 말입니다. 직접 쓰지 못하는 둔한 머리가 안타깝습니다.

비수를 품듯 세상을 쏘아보는 사람의 눈이 되어 같이 분노하고 삿대질도 했지만, 이제는 타협을 권하고 싶습니다. 그가 세상에서 받은 상처를 다독여 주기에는 역부족이라 마음을 돌리라고는 하지 못하지만, 그냥 보아 넘기면 안 되는지를 물었습니다.

선물을 받지 않으면 주인에게 되돌아가듯이 욕도 못 들은 체하면 욕을 한 사람에게 되돌아가는 거라고 들은 풍도 했습니다. 나이가 들며 나잇값을 해야겠다는 의무 같은 책임감으로 자신도 하지 못했던 이해를 나누기를 종용합니다.

그가 부탁을 들어줄지는 미지수입니다. 하지만 노력은 하려고 합니다. 내가 비난하며 고운 눈으로 보지 않았던 세상인심을 같은 모습으로 비난하며 증오하는 모습에서 내 자신의 초라한 모습을 발견하고 가슴이 무너져 내렸습니다.

그가 이제 예전의 곱고 따뜻했던 모습으로 찾아와 두물리 물 구경을 청하기를 이 봄에 기다려 봅니다.

무작정 차를 몰고 나가 멈추어 섰던 분원리 강가의 정자에서 나누었던 희망을 다시 얘기하고 서로의 상처를 위로하고, 시선에서 자유로워진 지금을 자축하는 술 한 잔을 나누며 못난이들의 노래를 부르게 되기를 기대하며 '아지태'도 '장진구'도 그저 살다보면 만나지는 그렇고 그런 세상사의 한 모습이라고 웃어 봅니다.

인연은

 억지로 붙들어 매어도 인연은 제 갈 길로 주인을 찾아갑니다. '세월이 약'이라고 청승맞게 불러대는 가수의 노래가 아니더라도 세월은 약이 됩니다.
 언제였던가, 희미해진 기억이 떠오를 때면 이미 내게는 다른 인연이 자리하고 있을 겁니다.
 살다보면 아픔으로 기억되기도, 기억조차 떨치고 싶은 쓰라림으로도 되살아나는 얼굴이 있기 마련이지요.
 떠나간 사람, 혹은 사랑을 연연해하지 마십시오.
 당신에게 의미 없는 존재이기에 지워지는 겁니다.
 어느 만큼의 세월을 살고 보니 영원한 것은 없었습니다.
 강물이 무심히 흐르듯 기억도 무심히 흘러 흔적조차 남

지 않더이다.

한순간에 충실했던 기억이 있다면 진심이었던 당신의 기억으로 그들이 힘들고 괴로울 겁니다.

새 얼굴로 찾아오는 인연을 반갑게 맞아 보세요.

인연은 언제나 문 앞에 있었습니다.

사랑, 그 서툰 위선에게

화가 나면 영화를 보는 친구를 알고 있습니다. 그네가 화가 날 때마다 동무가 되어 많은 영화를 보았지요. 어설프고 유치했던 한국영화들이 많은 발전을 한 덕에 제법 위로가 되기도 했습니다. 어처구니없는 설정이나 황당무계한 코미디일지라도 웃을 수 있으면 그걸로 족했습니다. 무어 그리 대단한 사족을 붙일 필요가 있을까 싶어서였습니다.

지난 일년은 특히 많은 영화를 보았습니다. 친구가 화나는 일이 많았었나 봅니다. 문우들과 꽤 많은 기회를 가졌었고요. 엊그제에도 한국영화 하나를 보았습니다. 우울증이 도진 친구는 '아무거나 보자'고 했고, 수능시험을 치르고 자유로워진 아이들이 몰리는 메가박스 한복판에서 바퀴벌레 한 쌍이 되어 우리는 시선도 아랑곳없이 영화표를 끊었습니다. 기다리지 않고 가장 먼저 볼 수 있는 영화로 골랐지요. 아무거나 보기로 했으니까.

그 영화에서 사랑은 위험하게 다루어졌습니다. 유리그릇으로 깨어져 나간 사랑은 다시 되돌려질 수 없었고, 목매었던 사랑 때문에 여자는 허수아비 사람이 되어갔습니다. 그저 지나쳐지지 않은 위험한 느낌으로 사람을 다시 만났지만 그와의 사랑은 공인될 수 없는 만남입니다.

'하지 말라'는 것에 집착하는 아이들은 물불을 가리지 않습니다. 위험은 아랑곳없이 순간의 재미나 스릴, 짜릿한 쾌감으로 나중은 생각지 않습니다. 엎질러진 물이 되면 그때야 겨우 잘못이었음을 깨닫고 눈물을 흘립니다. 꾸짖는 어른들에게 용서를 구하지요.

아이들은 용서를 받는 일이 쉽지만 어른들은 그렇지 못합니다. 온갖 합리적인 이유를 들먹이며 용서를 구하지도 않거니와 '그럴 수는 없다'는 노여움이 앞장을 서면 화해는 불가능합니다.

영화에서 남편은 본인이 먼저 깨뜨린 약속, 즉 사랑에 대해서 사과를 하고 잘못을 시인했기 때문에 면죄부를 받은 것 같습니다. 더는 어쩌란 말이냐고 소리를 지르지요.

그리고 아내의 잘못된 사랑에 불같이 화를 냅니다. 헤어질 것을 요구하는 아내에게 남편은 그러더군요.

"나는 너를 용서한다고 말할 거야. 그리고 평생 옆에 붙어 살 거야." 이 대사에 사람들은 웃었습니다. 나 먹기 싫은 떡, 남 주기도 싫은 심리는 누구나 가지고 있나봅니다.

영화의 흐름은 사랑이라는 환상에 대해서 경종을 울려줍니다. 그들의 관계는 사회규범을 거스르는 악일 뿐이지 사랑은 아닙니다. 사랑이라고 착각하는 거지요. 상식을 거스르는 사랑은 필요에 의한 집착입니다. 그 남자와의 끈적한 만남이 세상에서 외면당할 만큼의 가치는 없습니다.

혼자 남은 여자는 '내 마지막 연인이었다'고 그를 기억합니다. 세상에 존재하지 않는 그이기 때문에 서로를 파멸로 이끈 만남을 여자는 아름답게 미화시켜 추억이랍시고 읊조리는 거지요.

내 인생에 사랑이라 믿었던 몇 번의 기억이 있습니다. 백합꽃을 교무실 책상에 두고 나오다 얼굴 붉혔던 설렘은 아름다운 사랑이었습니다. 사랑하는 법을 배운 시절입니다. 손짓 하나에도 나를 부르는 음성에서도 세포 하나하나가 떨려오던 미세한 그런 느낌은 교복을 입었던 그 시절뿐이었습니다. 스무 살에 만난 처음 사랑은 짝사랑처럼 곤하지도 떨리지도 않았습니다. 주고받는 사랑이었으니 떠나가도 죽을 만큼 아프지는 않았습니다. 같이 다니던 길을 걸을 때, 그가 좋아하던 음악을 들을 때, 그가 선물로 주었던 물건들이 문득 얼굴을 내밀 때 - 잠시 아연하고 가슴 저 밑바닥에서 치밀어 오르는 그리움이 있었지만 참을 수는 있었습니다.

사랑을 하는 사람들은 참 서투르지요.

숨기지도, 감추지도 못해 소리를 냅니다.

꼭 내 것이어야 한다고 생떼를 쓰기도 하며 시선을 거두지 못하고 안절부절입니다. 인생의 한 부분을 소모하며 골몰하여 울타리를 치려고 합니다.

결혼이라는 울타리를 치면 다 끝났다고 활개를 치며 딴소리를 곧잘 하기도 합니다. 망둥이들이 설치는 세상의 한 단면이기도 합니다. 결혼서약 같은 구년묵이 종잇장 약속 같은 것을 지키려는 사람들이 미련해 보일 지경입니다.

나는 '결혼의 약속을 믿는다'는 글을 쓴 사람이 예사로 남의 남자, 여자를 만나고 다니는 일을 흔히 보았습니다. 그들은 사랑한다고 하더군요. 사랑이라는 낱말이 퇴색하여 이제는 사랑이 신비하지도 아름답지도 않습니다. 사랑에 가슴을 앓을 수 있는 자격은 누구에게나 있는 것 같아도 아무나 사랑해서는 안 됩니다.

일방통행으로 치닫는 사랑도 있을 수 없지만, 접어야 하는 사랑이라면 소리 없이 접어야 합니다. 배신이라고 분해하지 말고 보내준다고 선심 쓰기를 나는 바랍니다. 배신을 하는 사람은 사랑을 받을 자격도, 줄 자격도 없습니다. 그들은 배신을 밥 먹듯이 하면서 그렇게 살아갈 겁니다.

배신을 친구로 하는 사람들 - 그런 사람들에게는 눈길을 주지 말기를 그대에게 부탁드립니다.

사랑이라는 이름으로 모든 것을 미화시키는 지금의 당신이 딱하고 안타깝습니다. 아직 사랑에 서툴기 때문일까요.

사랑은 두 얼굴을 가진 위선자의 모습으로 늘 주위를 서성이지요.

사랑은 집착이 아닌 '놓아줌'이라고 말할 수 있기까지 참으로 오랜 시간이 흘렀습니다.

골목길

 우연히 안국동 골목길에 들어서게 되었다. 어릴 때 뛰어 놀았던 골목과 어찌나 흡사한지 가슴이 서늘했다. 아련한 추억이 되살아 나와 그림이라도 그려질 것 같았다. 어느 여류 선생님의 글에서 '그림 속 아해1과 아해2'가 당신일지도 모른다는 말씀처럼 재잘재잘 떠드는 아이들소리가 환청으로 들린다. 빨간 란도셀을 매고 달음박질을 치는 아이가 '엄~마' 부르며 나무 대문을 두 손으로 쿵쿵 쳐대는 모습도 떠오르고 어둑해진 골목 안에서 동생의 신발 안에 가득 들어 있던 모래를 탈탈 털어 다시 신겨주는 갈래머리 계집아이의 등이 보이기도 한다.
 대문 앞은 우리들에게는 바다만큼 넓고 풍요로웠다. 한 걸음만 달려가면 온갖 주전부리가 가득 찬 구멍가게가 있었

고 가게 앞 평상에는 쌈짓돈 쥐어주시는 우리 할아버지가 앉아 계셨다. 더운 여름날에 '아이스케키'를 외치며 제 몸보다 큰 나무 상자를 둘러메고 다니는 사내아이가 골목을 기웃거리면 할아버지를 길게 부르며 쪼르르 달려갔다. 단물이 뚝뚝 흐르던 빙과의 시원한 기억, 침이 꼴깍 삼켜진다.

그 골목은 어떻게 변하지도 않고 그대로일까. 자고나면 새 건물이 올라가던 약동의 시간들을 용케도 피해 숨죽이고 있었다 싶어 신기한 생각이 들었다. 그 후에는 그쪽으로 볼 일이 있으면 일부러 그 골목을 다녀오곤 한다. 고향을 만난 듯 마음이 푸근하고 오래된 나무조차 친구인 듯 반갑다.

옹색한 계단을 오르면 이웃집 파란 대문이 있었는데…. 기억에 살아있는 흙으로 올려진 굴뚝과 굴뚝에 씌워진 작은 덮개, 손등으로 통통 치며 이름을 부르던 들창, 그 모든 것들이 엇비슷한 모양새로 남아 있다니…. 처음 본 날의 기묘한 느낌은 시계가 되돌려져 과거로 돌아온 듯싶었다.

가끔 뵙는 그 동네 터줏대감 K선생은 식사 때가 되면 청국장 먹으러 가자며 앞장서시는데 청국장 집 가는 골목길이 또한 일품이다. 보물을 찾은 듯 감탄하는 내게 막다른 골목집에 심어진 커다란 목련나무를 보러 봄이면 일부러 그 집 앞을 지난다는 모(某) 수필가의 물젖은 상념이 부러워진다.

숨은 얼굴을 들여다볼 줄 아는 그네의 감성이 파르르 살아 전해져 오는 것 같다.

근래에는 안국동 골목을 찾는 재미에 인사동 나들이가 부쩍 잦아졌다. 지기들과 만나는 장소를 곧잘 인사동으로 정해 노점상 좌판에 펼쳐진 진기한 것들 구경에 시간 가는 줄을 모르다 배가 고프면 골목길에 즐비한 갖은 불량식품들을 사먹는 재미도 쏠쏠하다. 요즘은 구경조차 힘든 대패로 밀어주는 생강엿도 있고 최신 유행을 따른 국적도 없는 퓨전 음식도 어깨를 나란히 하고 있어 오밀조밀한 골목을 아이들처럼 휘젓고 다닌다. 그 작은 골목길에 기차 레일을 깔아 놓고 손님을 부르는 찻집도 있어서 다리를 쉬기도 한다.

골목에서 자란 우리 세대가 갖고 있는 특별한 느낌은 우리만의 공통분모이다. 요즘 아이들이 보고 자란 시설 좋은 놀이터에는 없는 아기자기한 추억을 만나러 안국동과 인사동을 방황하며 나는 꿈을 꾸듯 그 자리를 맴돈다.

옛 서울고등학교 옆 신문로 골목 안에서 자란 서울출신 맹꽁이 여자의 추억이 골목길에서 시나브로 젖어들고, 되돌아갈 수 없음에 가슴 한 귀퉁이에 쌓아 올린 그리움이 자꾸 들추어진다.

날라리의 핑계

'나는 가톨릭 신자에요'라고 말하고 다니는 나는 가끔 양심의 가책을 느낀다.

신앙심을 점수로 매긴다면 부끄러운 점수를 받을 것임에도 내 입으로 가톨릭 신자라고 밝히기가 미안하다. 교회에 미안하고, 신심 깊은 이들에게 미안하고, 나를 위해 기도해 주는 지기들에게 미안하다. 지극히 본능적이고 이기적인 내 본심이 '절대!'라고 못 박은 어떤 일들로 인해 얄팍한 내 신앙이 끊임없이 흔들린다.

최근 몇 주간 동안 미사강론은 유독 '용서'에 대해서였다.

옹졸한 인간들이기에 '하느님, 이 사람만은, 이 일만은' 하고 용서할 수 없다고 고백을 한다는 내용이었다. 스스로에게는 관대하면서, 누군가가 내게 행한 잘못에 대해

서슬 퍼런 잣대를 들이대며 '절대'를 고집하는 이중성. 누구나 자기 입장과 기준으로만 판단을 하면서 잘잘못을 따지고 화를 내거나 서운해 한다.

나 역시 멸시하는 상대들에 대해 용서는 있을 수 없다고 결론을 내려놓고 그 부분에 대해서는 양보를 하지 않는다. 그이들이 말하는 주장이 터무니없다고 단정 짓고 코웃음으로 일관하는 내 냉랭한 서슬 위로 한마디 말씀이 귀에 꽂혔다.

네가 먼저 '변해야겠다'는 용기를 가져라. 네가 용서 못하는 상대도 너를 용서 못하겠다고 수십, 수백 번 다짐하고 있을 것이고 그리하여 그와 네가 같은 죄로 인해 괴로울 것이니 네가 먼저 변한다면, 용서하는 용기를 갖는다면 그도 변할 것이다.

미사 중에 '저희에게 잘못한 이를 저희가 용서하오니 저희 죄를 용서하시고 유혹에 빠지지 않게 하시고 악에서 저희를 구하소서'라고 기도를 올리는 순간마다 내 양심이 아팠다.

'나는 절대 용서하지 않을 거야'라고 공공연히 입 밖으로 내뱉던 내 화(火)가 수시로 끓어올라서 기도를 올리는 내 입이 죄스러웠다. 백번 기도를 하고, 매주 미사에 참

여를 하면 뭐하나 하는 자괴감도 들었다.

날라리 신자인 나는 솔직히 변화할까 봐도 두렵다. 용서하겠다고 착한 척하게 될까 봐, 그래서 또 그 억지춘향의 흉내를 내게 될까 봐 겁이 난다.

하느님께서도 무조건 용서하라 하지마시고 '어느 만큼은 혼내 주고 나서 용서할까 말까 생각해 보렴' 그러셨으면 좋겠다.

나이와 눈물

'나이가 드니 눈물이 많아졌다'는 친구들의 말처럼 나도 눈물이 많아졌다. 영화를 보다가, 글을 읽다가 눈시울을 붉히는 일이 다반사다.

삶의 여정이 매끄럽지 않아 공감이 많아진 걸까. 슬프다 말하는 누군가의 얘기를 듣다 같이 울었던 일들이 뒤에 생각하면 지나쳤다 싶어 민망하기도 하고, 정작 우는 사람 앞에서는 메마른 위로를 건네면서 난감하다 싶을 때도 있다.

내가 좋아하는 기도문 중에 '내 안에 모시기에 마땅치 않으나 한 말씀만 하소서. 내 영혼이 곧 나으리이다'라는 구절이 있다.

기도를 바치는 순간마다 이 구절에서 나는 슬픔을 느낀

다. 막연한 슬픔이고 서러움이다.

 인간사가 복잡하고 기묘하기에 시달리며 살아오거나 살아가야 하는 별 볼일 없는 처지가 스스로에게 연민을 느끼고 있는 게 아닐까.

 어린아이 때 유독 울음 끝이 길어 집안사람들이 교대로 업고 달랬다는 일화를 들었고, 초등학교 때는 사내아이들이 짓궂게 군다고 울음을 달고 다녀서 할머니가 교문 앞을 지키고 섰다가 집으로 데리고 왔다는데 그 기억은 없으니 어쩌다 두어 번 그런 행사가 있었나 보다.

 울보의 소싯적은 기억에 없고, 정작 눈물을 원도 없이 쏟은 시절은 아이들을 키우면서였다.

 두 녀석을 번갈아 잃을 뻔한 사건을 겪으면서 혼이 나갈 만큼 울었고, 큰아이가 생각도 못했던 지병을 앓게 되어 몇 년을 울고 살았다.

 정작 아이는 멀쩡하게 잘 놀고 공부도 잘 하는데 혹시나 하는 염려에 마음을 졸이면서 뒷모습에도 울었다. 그 시절에 이웃들은 마르고 초췌한 나를 폐병환자 취급을 했었다. 그래서 서서히 강팍하고 성정 마른 사람으로 살기 시작했다.

 세월이 약이라더니 탈 없이 잘 자란 아이들이 고마워서

마른 가지에 물이 오르듯 나도 여유 있는 웃음이 찾아졌다. 웃는 아이가 예뻐서 품에 안아보기도 하고 지나가는 강아지를 굳이 쓰다듬으며 눈을 맞춘다. 세상이 아름답기도 하다는 걸 먼 길을 돌고나서야 알게 된 것 같다.

천천히 걸으면서 생각해 본다.

내가 우는 이유들이 왜 그리 시원찮은지…. 심심찮게 알려지는 학대받는 개가 가여워서 울고, '엄마, 나야' 하는 아들아이의 전화기 너머 목소리에 눈물부터 흘린다. 가끔은 미사 중에 누가 볼세라 펑펑 울기도 한다.

오히려 어쭙잖은 이유로 모멸감이나 상실감, 시달림을 받았다 싶을 때에는 울지 않았다. 코웃음 치면서 배(倍)로 경멸하고 무시하면서 독기를 품었다.

그 상대가 가족이기도 할 때의 낭패감- 인간관계의 한계가 절망으로 채워질 때였다. 그 시니컬한 감정들이 이제 나잇값이라는 무게에 눌려 눈물로 표출이 되고 있다.

이 나이까지 악어의 눈물이라는 고약한 눈물을 배우지 않아 다행이다.

목욕탕 연가

 신혼 시절 아랫녘 남쪽 지방에 살 때 남편이 '하와이에 가자'고 해서 '정말?' 그랬다. 서울에서 나고 자란 내게 하와이는 늘씬한 미녀들이 훌라춤을 추는 지상의 낙원이었다.
 여권도 없는데 갑자기 어떻게 가나? 궁금해 하는 물음에 남편은 실실 웃었다. 그 하와이는 버스를 타고 가는 온천탕이 즐비한 마을, 부곡하와이였다.
 그 동네는 무슨 복인지 온 동네가 파이프만 꽂으면 더운 물이 샘솟는다고 했다. 난방비도 필요 없고 세차조차도 더운 물로 하는, 찬 물이 아쉬운 곳이라고 가게 주인이 자랑을 했다. 물도 좋아서 그 동네 아이들은 부스럼 하나 없다고 침을 튀긴다.
 남편은 남탕으로 나는 여탕으로 하와이의 문을 밀었다.

물이 어찌나 뜨거운지 발도 담그지 못하고 탕가에서 겨우 바가지로 물을 퍼서 몸을 적시는데 용감한 여인네들은 푹 담그고 앉아 세상만사 다 잊은 표정이다.

목욕탕 안의 온도가 너무 높아 숨이 턱턱 막혔다. 그러고 보니 탕에 달린 창문은 죄다 열려있다. 높이가 있기는 하지만 누가 들여다보면 어쩌나 걱정이 될 만한 위치다. 그런데 아무도 아랑곳하지 않는다. 볼 테면 봐라도 아니고 아예 관심이 없다.

조금씩 몸을 담그다 완전입수에 성공을 했다. 기분 좋은 열기가 온몸을 나른하게 한다. 물기도 그냥 말리는 게 좋다고 해서 탈의실 평상에 앉으니 그야말로 얼음 동동 띄운 식혜가 유혹을 한다. 한 잔도 아니고 한 대접씩 퍼준다.

'아까 등 밀어준 새댁이제?'

소리가 들리더니 살집이 실팍해서 속으로 '우씨' 했던 아주머니가 맘씨 좋게 웃으며 식혜 한 대접을 내민다. 가리고 말고 할 것 없는 여인천국에서 그녀는 평상에 대자로 눕는다.

그 옆에서 나는 식혜를 마시고 다른 이들은 삶은 달걀을 까먹고 또 다른 이들은 김밥을 먹는다. 냄새난다고 종

업원이 지청구를 하지만 들은 체도 않고 맛있게 먹는다. 먹어보라고 권하기에 냉큼 몇 개를 집어 먹었다.

식혜와 김밥의 인심으로 허기를 채우고 하와이를 떠났다.

목욕탕이 진화를 했다. 도심 한복판에 게르마늄 온천탕이 등장하고 보석으로 치장한 보석사우나, 인삼과 미역 줄기가 둥둥 떠 있는 욕탕도 생겼다. 그 효과를 보려면 1년 내내 목욕탕 순례를 해야 할 것 같다.

호화스러운 목욕탕들의 등장으로 우물가 인심은 사라지고 값비싼 메뉴가 즐비한 식당이 버젓이 자리를 잡았다. 너나없이 온갖 먹을 것을 섭렵한다. 손쉽게 드나들던 목욕탕이 이제는 두둑한 지갑을 들고 가야하니 흰 타일 벽에 물방울 맺혔던 구년(舊年)묵이 동네 목욕탕이 아쉽다.

친구들이 모임을 찜질방에서 한다고 했다. 드라마에서 유행시킨 삼순이 수건을 쓰고 친구들과 뜨거운 바닥에 뒹굴뒹굴 몸을 지지고 수다를 떨며 부동산이 춤을 추는 나라 걱정도 하고, 어떻게 하면 한몫 챙기나 졸부의 꿈도 꾼다.

한바탕의 순례가 끝나고 나면 회장의 지휘로 식당으로 모인다. 그네가 권하는 미역국, 추어탕, 육개장 등을 취향대로 골라 한 그릇씩 앞에 놓고 앉는다.

참 이상한 것이 훌훌 불어가며 먹는 이 국 한 그릇에서 예전의 어머니의 손맛이 느껴지고 동네 아주머니들의 왁자한 웃음이 들린다. 자꾸 국물을 더 부어주는 식당 아주머니의 푸근한 인심이 보태져서일까.

 찬바람머리에는 뜨거운 김 하얗게 서린 욕탕에서 더운 정을 마시고 펄펄 끓는 미역국에 밥 한 그릇 꾹꾹 말아 땀 닦으며 먹고 싶다. 살며 허기진 내 삶에 온기를 주고 싶다.

어리보기

 유유상종(類類相從)이라고 나는 얼뜨기들의 모임에 속하며 그 자리가 편하다. 주변에 모인 우리 '어리보기'들은 다부지지 못한 우리만의 특성을 유감없이 발휘한다. 저마다의 얼뜬 봉변을 하소연하는 풍경으로 씁쓰레한 뒷맛이 개운치 않지만 어쨌거나 유유상종의 동질감으로 만나는 자리는 웃음소리가 낭자하다.
 그날도 'ㅇ'여사가 먼저 "접~때 말이야."로 운을 떼었다.
 시장에서 이웃을 만났는데 '시장 볼 돈이 조금 모자란다'며 만원을 빌려달라고 해서 주었단다. 며칠이 지나도 갚지 않기에 마침 길에서 마주친 김에 '지난번에 빌려준 만원을 돌려 달라'고 했더니 이 아주머니 눈을 크게 뜨며 "어머 그 다음날 바로 드렸어요!" 하면서 기겁을 하더란다. 순간 당황해서 "내가 깜빡했나 봐요." 하고는 무안한 얼굴로 헤어졌는데 아무리 생각해도 기억이 없어서 가계부를 살펴보았지만 받은 기록이 없었단다. 그이가 수십년 써온 가계부에는 별 시시콜콜한 얘기가 다 써 있는데 마침 '만원-302호에 빌려줌'이라는 메모는 있어도 받았다는 메모는 없었고, 돈을 갚았다는 그 다음날에 자기는 외출을 해서 그 여자를 만난 일이 없더라나.

알고 보니 상습적으로 셈 어두운 노인네들에게 일부러 친절하게 대하다 코흘리개 돈 빼먹듯 2~3만원 떼먹는 게 보통이라는 질 나쁜 이웃이었다. 그래도 자기는 액수가 적어서 다행이라고 웃었다.

'그런 사람도 있네!' 탄식과 함께 '왜 그런 사람을 가만두냐'고 흥분들을 하지만 우리가 무슨 뾰족한 수가 있을까. 초등학교에 다니는 아이들도 있다니 그 아이들이 무엇을 배우고 자랄지 걱정이고, 그 양심불량은 그래도 제 자식들은 잘 자라 한몫 하는 어른이 되기를 바라겠구나 싶어 쓴웃음이 났다. 아니면 훔쳐서라도 갖고 싶은 것은 내 것으로 해야 한다고 비뚤어진 생각을 심어주는 것은 아닌지 모르겠다. 남의 푼돈을 떼어먹는 사람이라면 반듯한 교육관은 애당초 있지도 않을 터다.

'ㅇ'여사의 이웃이 화제가 되어 그날은 너도 나도 어이없이 뒤통수 맞은 사연이 쏟아져 나왔다. 이런 바보들이 있어서 세상이 숨을 쉬는지 모르겠다는 생각도 들었다. 손해를 볼 일이 아닌데도 악착같이 달려들어 제 몫을 챙기거나, 이익에 혈안이 되어서 남의 사정은 아랑곳 않는 게 요즘의 인심이니 눈 뜨고 코 베이는 꼴을 당하고도 하하 웃는 '어리보기'들의 말잔치가 풍성하다.

　경제적 손실을 떠나 가끔은 뜬금없는 삿대질이며 '시위대에 물대포 쏘듯' 말대포도 맞는 우리들이니 할 이야기는 무궁무진이다. 나부터 십 수년 몸담았던 단체에서 들었던 이러쿵저러쿵은 단편 소설 한 편도 될 것 같고, 근간에 겪었던 황당한 경험들은 '내가 왜 이러고 살까?' 철학자가 되게 했다.

　'그냥 웃지요'가 답이 되어 버린 우리들의 많은 사연은 어리석고 우유부단해서 생긴 결과일 때가 더 많고, 단호하지 못한 심약함도 그 이유가 된다.

　미처 보지 못했던 상대의 교활한 술수를 깨닫거나 막연하게 느끼며 고개를 갸우뚱했던 서걱거림이 그네의 속에 품어져 있던 증오나 경멸이었다는 사실에 화들짝 놀랐던 그 일들이 결국에는 얼뜨기여서라는 단순한 해답에, 질 나쁜 이웃에게 따지지도 못한 내 친구와 나는 킥킥 웃음을 나눴다.

"생긴 대로 살아야지 뭐."

자조 섞인 말로 자리를 파하고 돌아오면서 생긴 대로 사는 게 다는 아니다 싶은 생각이 들었다. 세상인심이라는 게 강자에는 약하고 약자에는 강한 것이어서 저보다 못하다 싶으면 가차 없이 밟으려드니 우선 내 자식들이 내림으로 '어리보기'에 들까 겁나고 질 나쁜 이웃에 대처하는 법 정도는 숙지시켜야 한다고 다짐한다.

누구도 믿어서는 안 되는 세상이다. 틀림없이 다단계 판매다 싶은데 굳이 아니라며 나를 끌어들이지 못해 안달하던 친척여인을 위험인물로 분류하고, 시도 때도 없이 들이 닥쳐 민폐를 끼치면서 '우리는 핏줄'을 입에 달고 사는 조선족 친지들은 '대강 아는 체'에 분류한다. 소리가 큰 사람들이라 말대포가 무서운 사람들이다.

사근사근 눈웃음이 매력인 그네는 뒤통수에 명수다. 절대 접근 불가다. 어수룩한 듯하면서 손해 보지 않는 그이도 요주의 인물이다.

내 주변과 가족들의 주변을 살피니 살얼음판이다.

모자란 사람이 모자라지 않은 척 눈에 힘주고 등 꼿꼿

이 세웠더니 빈 논에 허수아비 꼴이라고나 할까.

"우리 언제 모이니? 나, 어제 웃기는 일 있었어. 만나서 스트레스 풀어야지."

'어리보기'들의 모임이 코앞이다.

하도 어이없어서 화도 나지 않는다는 친구의 말소리에 웃음이 배어 있다. 달관한 모양이다. 이 정도는 돼야 '어리보기' 축에 들지. 나는 여기에도 반쯤 낀 어리바리다.

*어리보기: 얼뜬 사람, 둔한 사람

천국으로 가는 이삿짐

 이 세상 많고 많은 직업 중에 죽은 이들의 짐을 싸는 직업도 있다는 걸 텔레비전을 보다가 알았다. 다큐 프로그램이었는데 한 남자의 직업을 카메라가 쫓고 있었다. 그는 일하는 내내 묵묵히 손을 놀렸다. 망자의 짐은 을씨년스럽다. 고독사라고 칭하는 외로운 죽음. 죽은 이는 흔적을 남겼다. 그것을 지워줄 피붙이 하나 없는 외로운 사람들. 물질만능을 지향하고 달려온 사회에 드리운 그림자다. 시신을 거두고 난 음산한 자리에는 술병이 즐비하고 고인이 울고 웃었던 소리들이 맴을 도는 듯하다. 죽은 지 몇 달이 지나거나, 몇 주가 지난 슬픈 자리에서 그는 자신의 직업에 최선을 다한다. 가족들의 모습이 담긴 작은 액자 하나가 바닥에 나뒹굴어 있다. 그가 지금 흔적을 거두고 있는 망자는 그 사진을 보며 그리움이거나 애증이었을 자신의 외로움을 달랬을 것이다.

그가 말했다.

"사람들은 우리를 탐탁지 않게 여기지요. '하필 그런 직업을 택했나?' 하거나 갈 데까지 간 마지막 일쯤으로 비하합니다. 솔직히 가족들이나 친구, 이웃들에게 직업을 말하지 못할 때가 많습니다. 스스로 위축되기도 하고 부당한 눈길에 화도 나고요."

검은 비닐봉지에 망자의 짐들이 담겨져 어디론가 실려 간다. 연락이 닿은 유족에게 전해지거나, 아니면 소각장에 버려질 것이다.

"우리는 천국으로 가는 이삿짐을 싼다고 생각해요. 좋은 곳으로 가시라고 정성껏 짐을 정리합니다."

짐을 싸다 허기를 때우는 짜장면 한 그릇을 비우며 또 말했다.

"전에는 상갓집에서 밥도 못 먹었어요. 그렇게 비위가 약했는데 사람은 환경에 따라 독해지게 돼있나 봐요. 지금은 아무렇지도 않게 일하다가 밥을 찾아먹게 됐군요."

담담하게 그이들은 늦은 점심을 먹고, 다시 짐을 싸서 자리를 떠났다.

유품 중에 젊은 여자의 낡은 지갑이 카메라에 비춰졌다. 지갑 속에는 고인이 지극히 사랑했다는 아버지의 사진이 환하게 웃고 있었다. 아버지가 세상을 떠나자 견디기 힘들어했다는 고인의 슬픔이 전해진다. 가여운 사람이었을 것이다. 그네가 남긴 휴대폰에 마지막 통화번호는 가깝게 지냈다던 후배였다. 후배가 달려와 휑하게 빈방을 둘러보며 눈물을 떨어트렸다.

"이상하게 연락이 닿지 않는다 했어요. 한 번 와 볼 걸."

누구나 지나간 뒤에 후회하는 말들 중에 하나가 '그럴 줄 알았으면 이렇게, 저렇게 해 볼 걸, 해 줄 걸…'이 아닐까.

천국으로 가는 이삿짐을 싼다는 이가 그랬다.

'고인이 남긴 짐을 보면, 특히 지갑이나 이동전화기, 사소한 애장품들이 한순간 주인을 잃은 게 남일 같지 않고, 어쩌면 잠시 후에 내게 일어날 일일 수도 있다 여겨져 지금 하는 일에 최선을 다한다'고.

맞는 말이다. 지금이 영원하지 않다는 걸 누구나 알면서 아등바등, 경쟁하고 질투하고 내 이익을 손해 볼까 전전긍긍하면서 내게 더 주기를 바라는 이기심에 스스로를 괴롭히는 게 현실 아닌가.

텔레비전을 끄고도 낡은 지갑의 잔상이 지워지지 않았다.

온기가 사라진 지갑. 죽은 사람의 물건이라 께름칙하게 여겨지고 천대받는 생명 없는 물건.

주인을 잃는다는 건 소멸이다. 소중하게 여겨졌을 누군가의 흔적처럼 언젠가는 내게도 찾아오리라는 사실이 을씨년스럽다.

그냥 열심히 살아야 할 것 같다.

월덕 여사

　고등학교에 진학하던 해에 월덕이가 우리 집으로 왔다. 키가 작고 인물이 어지간히 없던 아이 나보다 서너 살 아래라고 어머니가 동생같이 여기라고 했다. 나이가 어리니 집안일이라야 고작 설거지며 청소를 거드는 정도였다. 식구가 단출하던 때라 힘든 일은 없었지 싶다. 그 아이가 주로 하는 일이 초등학교에 다니던 막냇동생을 학교에 데려다 주고 데려오는 일이어서 동생하고 친구놀이 하는 모양새였다. 성질이 무던해서 동생의 막내 텃세를 잘 받아 준다고 어머니는 기특해 하셨다. 나는 아침 일찍 학교에 가면 학원을 거쳐 저녁시간이 지나야 돌아오니 월덕이와 말 섞을 일도 부딪칠 일도 없어서 그 아이의 존재는 내게는 무관심이었다.

어느 날부턴가 월덕이가 저녁마다 버스 정류장에서 나를 기다렸다.

"언니!" 하며 반기는 소리에 "왜 나왔어?" 했더니, "언니 오는 거 보려고" 하면서 책가방을 받아들었다. 괜찮다 해도 막무가내로 가방을 빼앗아들고는 신이 나서 앞장서 걸었다.

무거운 가방을 들린 게 미안해서 마음이 불편했는데 집에 갈 때까지 아이는 부득부득 제가 들고 갔다. 그 후로 나를 정류장에서 기다리는 일이 월덕이에게는 중요한 일과가 되었다. 버스에서 내리면 가방부터 받아들고 깡충거리면서 아이는 조잘거렸다. 오늘 누가 왔다 갔는데 그 집 아이가 언니 방에서 놀겠다고 해서 얄미웠다는 등 고자질도 하고 골목길이 어두우면 내 등 뒤로 바짝 붙어 '빨리 가자'를 연발했다.

나도 월덕이가 나를 기다리는 게 싫지 않았다. 정류장에서 둘이 국화빵을 사서 먹는 재미도 있었고 가방을 들어주는 아이의 마음이 조금씩 읽혀지기도 했다. 시골에서 초등학교를 마치고 등 떠밀려 남의집살이를 왔을 테니 여고생인 내가 그 아이에게는 선망의 대상으로 비쳐졌을 것이다. 가방을 들고 앞장서서 걷는 걸음에 통통 즐거움이 묻어났다. 여학생 가방을 들어보는 즐거움을 본인도 모르게 느끼고 있던 게 아닐까 싶다.

그야말로 비가 오나 눈이 오나 월덕이는 정류장으로 나왔다.

추운 날에는 나가지 말라고 집에서 말려도 고집을 부리면서 찬바람을 뒤집어쓰고 발을 동동 구르면서 버스가 올 때마다 목을 늘였다. 입시생이 된 후에는 귀가시간이 더 늦어져서 이제는 월덕이가 마중 나오지 않으면 골목길이 무서워서 못 가겠다고 공중전화통을 붙들고 징징거렸다. 눈 딱 감고 뛰면 십여 분 거리를 월덕이가 올 때까지 버티고 서서 토라져있으면 싱글싱글 웃는 덕이가 나타났다.

동생하고는 6년 터울이라 말상대도 않다가 어느 정도 말이 통하는 월덕이가 점점 좋아졌다. 순하고 착한 성품이라 까탈 많은 내 성미를 어지간히 맞춰주고 무엇보다 '언니, 언니' 하며 따르는 게 마음에 닿았다. 집에 쓴 편지를 부쳐달라고 부탁하면서 미안해하는 것도 착해 보여서 좋았고, 혹시나 식구들이 나 없는 새에 맛있는 간식이라도 먹을라치면 눈을 부릅뜨고 내 몫을 남긴다고 어머니는 당신이 계모 같다고 웃으셨다.

우리 집에 온 지 3년 째 되던 늦가을 날 월덕이네 집에서 시골로 돌려보내달라는 기별이 왔다. 기차만 태워주면 역으로 마중 나가겠노라는 전화가 왔다고 어머니는 돌려보낼 채비를 하셨다. 아마 중학교에 보낼 모양이라고 그간 수고비가 목돈으로 모아졌다고 다행이다 하셨다. 우리 집에 온 후 처음으로 서울구경을 가기로 한 날 내가 물려준 점퍼를 입고 상기된 얼굴로 덕이가 그랬다.

"창경원에 간다는데 언니도 가면 좋겠다. 엄마가 사진도 찍어준다고 했는데. 언니랑 같이 찍어서 우리 식구들 보여줄 건데… 언니는 창경원에 가봤지?"

"그럼 가봤지. 그리고 나는 오늘 못가…. 다음 주부터 시험이야."

어머니와 동생, 사진사로 오빠가 따라나서고 잘난 입시생 나는 집에 남았다. 오빠가 장난삼아 대문 앞에서 덕이와 나를 찍었다.

남대문시장에서 옷가지들과 집에서 부탁했다는 색깔 고운 차렵이불을 사서 들고 월덕이는 장성으로 돌아갔다. 서울역으로 가던 날도 나는 일찍 학교로 가느라 눈물 글썽이는 덕이를 못 본 체 등을 보이고 나왔다. 그림책에 가까운 초등학교용 소공녀와 이솝이야기를 사주면서 중학교에 가거든 편지하라고, 편지하면 답장 꼭 해주고 소설

책도 보내주마 약속했는데 덕이는 한 번도 편지를 하지 않았다.

　해가 바뀌도록 연락이 없어서 어머니를 졸라 연락처 번호로 전화를 넣었더니 '월덕이네가 너무 떨어져있어서 바꿔줄 수는 없고, 전할 말이 무어냐'고 해서 월덕이가 잘 있는지 궁금하다고 편지하라고 전해달라고 했더니 전화 받던 사람이 "월덕이는 타지로 일 갔는데요?" 했다. 오빠가 장가들 때 잠시 왔다가 다시 일 보냈다고 했는데 어디로 갔는지는 모르겠다고 했다.

　어머니는 음흉한 사람들이라고 서운해 하셨다. 솔직하게 돈을 올려달라고 할 일이지 거짓말로 아이를 데려다가 다시 일을 보냈다고 아이만 딱하고 참 고단한 팔자구나 혀를 차셨다.

　나는 자기 자식을 남의집살이를 보내 그 돈으로 아들 혼사를 치르고, 딸자식은 다시 남의집살이를 보냈다는 게 이해가 되지 않았다. 형편이 안 되어 상급학교를 못 보낸 것까지는 그럴 수도 있지만, 막말로 식모살이를 시켜 모은 돈으로 그토록 가고 싶어 하던 학교를 보냈어야 하는 게 아닐까. 덕이가 꾸던 꿈은 신기루였을 뿐이라는 게 오래 상처로 남았다.

서울에 있다면 전화라도 하겠지 하고 기다렸지만 종내 소식은 끊어졌다.

지금 월덕 여사는 어디에 살고 있을까.

미안하게 성씨를 모르겠다. 김씨였던 것도 같고, 박씨였던 것도 같고…. 심성이 착해서 분명 좋은 사람 만나서 자식들 거느리며 편안하게 살고 있을 텐데, 지천명이 지난 우리가 만나 풀빵 봉지 들고 골목길 걷던 이야기 나누면 눈물도 조금은 날 것 같다.

월덕 여사가 참 많이 보고 싶다.

아무도 없다

 행복을 느끼는 시간대가 나이 별로 차이가 있다는 설문 조사가 나왔다.
 가장을 포함한 자녀들, '기타' 가족들은 저녁에 집에 돌아간 이후가 행복하다고 하고 주부들은 가족들이 모두 나간 낮 시간에 행복을 느낀다고 한다. 특히 4~50대 주부들이 그렇다고 대답한 지수가 높았다.
 나 역시 가족들이 저마다 부산을 떨고 나간 후의 적막감이 평화스럽다. 조여진 매듭이 풀린 듯, 나른한 해방감이 몰려오기도 하고 느긋한 기분으로 차 한 잔을 음미하기도 한다.
 아이들이 어릴 때는 모두 잠 재워 놓고 난 후가 가장 좋았다. 하루 종일 중노동에 시달리다 놓여 난 듯한 해방감도 있어서, 아이들 옆에 가만히 누워 있으면 더 바랄 게 없을 것 같은 안식이 느껴졌다.

주부들이 혼자일 때 행복하다는 건 틀에서 놓여나기 때문일 것이다. 가족들을 위해 식사 수발을 들고, 무언가 부족하지 않을까 염려증으로 조바심 내는 어미이고 아내인 자리가 본인도 모르게 구속을 주고 있어 놓여나는 순간에 해방감을 느끼는 게 아닐까.

유난히 '안 사람의 외출'을 싫어하는 '가풍'을 착실히 지키는 남편을 만나 살면서 늘 가슴 속이 답답했다.

친정아버지도 만만치 않은 보수였지만, 해 떨어지면 못 나간다는 억압은 하지 않으셨다.

타당한 이유로 여행도 허락하셨고, 친구들하고 몰려다니기도 '그 나이의 특권이다'며 이해해 주셨다. 그래서 여자가 저녁 시간에 나가는 일이 '사건'인 시가에서 적응하는 일은 넘어야 할 첫 번째 언덕이었다.

마흔이 넘도록 자유롭게 친구를 만나거나 영화를 보는 등의 이유로 저녁 시간에 외출을 하는 여자들이 가장 부러웠다.

저 여자들은 도대체 어떻게 살기에 밤늦도록 나다닐 수 있는 걸까? 의아스러워서 "남편이 뭐라고 안 해요?" 하는 질문을 하면 눈을 동그랗게 뜨고 "왜? 여자는 약속도 없고 친구도 없나요?" 반문을 했다.

참 팔자 좋은 여자구나 싶어서 나도 다음 생에는 저렇게 마음대로 살아보거나 남자로 태어나 제멋대로 나돌아 다녀보고 싶다는 생각으로 우울한 여편네로 살았다. 미친다는 게 별 게 아니라는 거 그때 알았다.

그나마 아이들이 제 앞가림 시작하면서 시간에 여유가 생기고 미치기 일보 직전에 만난 글쓰기가 숨통을 틔워주더니, '여자 나이 마흔을 넘으면 배짱이 는다'는 말처럼 부당한 족쇄에 화를 내게 되고, 변하는 세상사 공부를 했는지 남편의 '안돼'가 힘을 잃었다.

마흔세 살에 겨우 나 홀로 여행을 갔었다.

가족들이 배제된 혼자만의 자유, 열흘간의 나홀로를 만끽하면서 살다보니 이런 날도 있구나 눈물이 났다.

너무 아름다운 자연과 생소한 풍경들, 즐기는 사람들을 바라보면서 그이들에게는 예사로운 이 여행이 나에게는 왜 그리 어려웠을까 곱씹었다. 무기력하고 바보 같았던 삶이 약 오르고 허탈했다.

다행히 나에게는 딸이 없다. 나는 딸이 없어서 섭섭하겠다는 말에 코웃음을 친다. 이 집 가풍에 딸을 키우려면 오죽 시달리고 마음고생해야 했을까. 조물주께서 내게 특혜를 주신 거다.

아들들이라 귀가시간이 늦거나 말거나 걱정 덜고, 돌아다니기 선수인 녀석들에게 잔소리 않고 사니 그나마 심신이 편하다.

작은녀석이 낚시를 간다며 배낭을 메고 나서는데, 남편이 용돈 있냐고 묻는다.

딸이었으면…?

'이눔의 지지배! 어디를 간다고?' 호통소리가 귀에 들리는 것 같다.

지금 - 아무도 읍따! 행복하다.

싸움 구경

장맛비가 오락가락, 이럴 때는 마음도 변덕스럽다.
불쾌지수 슬슬 올라가는데 누가 건드리면 바로 폭발이다.
더운 여름날, '쌈질' 하는 사람들 보면 즐기는 게 아닌가 의심이 간다.
왜?
단순하고 멍청해서다. 내용도 없고, 핏대 올리며 잘잘못을 따지는 서슬이 유치해서 한심하다.
며칠 전 시간 상 지하철이 조금 복잡했다.
퇴근시간이라 그런지 한 번 앉은 엉덩이들은 단체로 눈 감고 피로회복 중이고, 노약자석은 이미 만원사례.
이상하게 '앉고 싶으신 연령대'가 무척 많아서 자리 양보 않는 젊은 아이들이 야박하구나 싶었다.

자리를 향한 달음박질이 추하다 여기는 '잘난 이 몸'이므로 출입구 쪽에서 '다소곳이' 서서 가는데 어느 역에선가 키가 큰 아주머니 한 분이 두리번거리며 들어섰다. 꺽다리 소리 듣겠구나 싶게 다른 사람보다 머리가 하나 더 올라가 있었다. 그래서 더 건강해 보였다.

  그분께서는 계속 자리를 찾으시느라 전동차 안을 매서운 눈초리로 훑었고, 마침 대각선 출입구 쪽에서 승객이 일어서고 자리가 비었다.

  누가 보아도 그 자리는 오랫동안 그 앞에 서서 가던 과체중 아주머니의 자리였다. 순간 꺽다리가 빛의 속도로 내달려 자리를 새치기했다. 굼뜨게 몸을 움직이던 과체중 아주머니는 황당한 표정이었고, 지켜보던 주위의 사람들도 꺽다리의 얌체 짓에 얄밉다는 표정을 지었다.

  내가 힘이 세다면 멱살을 잡아 일으켜 세우고 자리를 뺏긴 황당녀를 앉혀드리고 싶었다.

  잠시 주춤하던 아주머니가 꺽다리를 노려보았고, 혼잣말로 "미친×" 그랬다.

  '미친×'은 아니지만 욕 들어먹기 좋은 행동이어서 나도 그 표현에 공감했다. 은근히 약 오르는 상황 아닌가?

  꺽다리가 움찔하더니 "지금 나보고 하는 소리야?" 소리

를 질렀다. 이왕 붙은 거 - 점점 화가 치미는지 황당녀가
"그래! 얌체도 유분수지! 저쪽에서 달려와 앉는 년이 어딨어! 다른 사람은 다리가 안 아픈가?"
"니 자리라고 써 놓았냐? 그리고 년이라니!! 무식한 년!"
순간 '년' 소리가 전동차 안에서 춤을 추며 날아다녔다.
복잡하고 짜증나고, 사람들의 인상이 찌푸려지는데 두 사람의 소동은 끝이 나질 않았다. 보다 못한 어느 남정네가 타일렀다.
"아! 그만하쇼! 애들도 아니고…. 그리고 앉으신 아주머니 그러는 게 아닙니다. 아무리 대중교통이지만 질서는 지켜야지요."
"뭐야? 내가 뭘 어쨌는데. 다리가 아파서 좀 앉았기로서니. 아! 임자가 따로 있냐고!!"
"그러게 너만 아프냐고~~!!"
"이 여편네가 나잇값 더럽게 못하네!"

셋이 싸우기 시작했다. 누군가 신고해서 역무원이 정차하는 역에서 올라왔다. 셋이 역무원을 따라서 우르르 내렸다. 아마 그이들은 시시비비를 하느라 또 '쌈질'을 했을 것이다.

구경을 마친 사람들은 다시 눈을 감거나, 동행과 '소감'을 수군거렸다.

킥킥 웃기도 하고 오늘 '못된 버릇 임자 만난' 꺽다리를 고소해 했다. 나도 후다닥 자리를 향해 뛰던 그 여자의 천박함에 눈을 흘겼기에, 제 깐에는 봉변이다 싶어 다음부터는 조심하겠지 고소했다.

꺽다리가 앉으면서 '미안합니다' 한마디만 했어도 덜 얄미웠을 테고, 서 있던 그이도 욕이 입 밖으로 나오지는 않았을 것이다. 그깟 길어야 한 시간 거리를 서서 간들다리가 부러지지는 않을 것이고, 조금 서서 가다보면 자리는 나게 마련인데 그 잠깐의 불편을 참지 못하는 조급증이 서로 낯 붉어지는 '쌈질'을 일으켰으니 여름은 싸우고 싶은 계절인 게다.

나도 가끔은

곰곰 생각해 보니 태어나 이제껏 혼자가 아니었다.

부모, 형제와 한 지붕 아래서 실타래 엮고, 결혼을 해서는 남편과 지지고 볶으며 아이들을 키웠다. 이제껏 미혼인 아들 둘을 옆구리에 끼고 있으니 60년이 넘도록 혼자라는 시간은 없었다. 늘 무언가에 쫓기고 서둘러야 하고, 나와는 상관없는 일들과 인간관계로 인해 괴롭거나 성가셔야 했다. 어쩌다 한 번 여행을 가도 발목에 근심걱정이 줄레줄레 따라 다녔다.

심지어 나이 든 강아지도 내 걱정에 수(數)를 더 했다.

언젠가 텔레비전 드라마에서 며느리, 엄마, 아내, 시어머니 자리가 지긋지긋해진 여인네가 독립과 자유를 선언하고 이사를 나갔다. 1년의 유예기간이었지만 드라마이기에 가능한 '탈출'을 감행한 그 여인의 환희에 찬 표정이 절실하게 와 닿았다.

역시나 남정네들은 그 장면에 분을 삭이지 못하고 거품을 물었다.

내가 아는 교양이 넘치던 분도 '있을 수 없는 이기적인 못된 행실'이고 막장 드라마라며 폄하를 했다. 며느리가 감히, 엄마가 어떻게, 남편은 어쩌라고…. 모두 제각각의 불편을 이유로 자유부인을 비난했다.

자유부인은 실컷 늦잠 자고, 일어나고 싶을 때 일어나서 먹고 싶은 음식을 먹고, 시도 때도 없이 멈춰져야 했던 '엄마의 시간'을 만끽했다. 책 한 페이지를 읽고 싶어도 하루 세 끼를 대령해야 하는 시부에 맞춰야 하고, 자기네 필요한 대로 엄마를 찾는 자식들에게 내주어야 했던 시간, 구속이 없는 시간을 누리던 그녀의 표정이 잊히지 않는다.

새삼 나도 독립이 하고 싶다는 생각이 든다.

정말 오피스텔 하나 얻어 아무도 만나지 않고, 인간관계 덮어버리고 혼자라는 걸 즐겨보고 싶다. 하루 종일 아무것도 하지 않고 뒹굴거나, 훌쩍 길을 떠나 돌아오고 싶을 때까지 헤매고 다녔으면 좋겠다.

'혼자는 외로워서 둘'이라는 말랑한 표현은 이제 징그럽다.
가끔은 혼자이고 싶다.
내 성을 쌓아 주인이고 싶다.

거름 자리

 아파트 화단 정리를 하다 어느 집에서 내다버린 난 화분을 하나 주웠다.
 화분과 분리해 던져 놓았더니 동네 아주머니가 "갖다 키워보세요. 전에 보니 저 난이 꽃대가 잘 올라오는 것 같아요." 했다. 시들시들 말라 있어서 '살까?' 싶었지만 집에 가져와 빈 화분에 거름을 섞어 다독다독 곱게 심어 놓았다. 반 정도는 잎이 시들어 잘라주고 싱싱하게 올라오는 잎들은 쓰다듬듯 매일 먼지를 닦아주었다. 달포나 지나서야 겨우 정신 차린 잎새들이 쭉쭉 키를 키웠다.
 부채를 펼쳐 놓은 모양인데 납작한 잎새 끝으로 알을 품 듯 새 잎이 물려져 있어서 "얘네들은 이렇게 번지나 봐?" 신기해했다.

그러더니 어제, 오늘 꽃을 물었다. 잔뜩 웅크리고 있던 몸을 펼쳐 하얀 꽃잎 밑으로 보랏빛 꽃이 요염하게 얼굴을 내밀었다.

그 모양새가 신기하고 반가워서 식구들에게 "여기 좀 와봐~"하면서 꽃구경을 시켰다.

아침부터 '웬 호들갑?' 하던 눈빛들이 '와! 신기하다…'로 바뀌었다.

하루 종일 꽃의 고고한 자세를 들여다보았다. 잎새 끝에 나비 한 마리 앉아있는 듯 우아하기 그지없다. 그날 그저 버려두었으면 쓰레기통으로 들어갔을 텐데, 운 좋게 생명 부지한 이름 모를 난꽃.

내 호기심을 자극하고 들여다보게 만들며 존재를 알리던 몸짓들은 살고자 하는 본능이었을까. 식물들도 주인의 소리를 알아듣거나 싫고 좋은 감정을 전달한다고 한다. 그래서 화초를 키우는 사람들이 물을 주면서 말을 걸기도 한다지 않는가.

난꽃에 반해 베란다 쪽을 곁눈질하는데 텔레비전에서 시설에 버려지는 아이들, 입양되는 아이들, 더구나 먼 외국으로 떠나가는 아이들을 방영하고 있다. 태어나자마자 버려지고, 키워지다 시설에 맡겨져 생이별 당한 아이들.

눈빛이 맑은 아이는 제 앞날도 모르면서 천진스럽게 웃고 있다. 임시로 키워 준 보모와 떨어지지 않으려고 악을 쓰고 우는 아이…. 데려가는 사람도 아이를 내어 주는 사람도 모두 눈물을 쏟는다. 제발 잘 자라기를, 사랑 듬뿍 받기를 마음으로 빌어본다.

사람의 팔자라는 건 정말 있는 걸까. 천차만별의 태어남은 무슨 조화일까.

화단에 버려진 난 한 촉도 거두어지면 저리 화려한 꽃을 피우는데, 버려진 아이들도 거름 많은 토양에서 아낌없는 보살핌 받기를 간절히 바라는 아침이다.

옛말에 '머리 검은 짐승은 거두지 말라'던 저주 같은 말 따위는 없어졌으면 좋겠다.

사랑하고 아끼면 모두가 보석이 되어 빛을 내는 거라고 믿고 싶다.

쓸쓸한 생각

 듣고 보면 독설이 아닌데 독설가라고 명성이 자자한 '김 某'교수의 강의를 들었다.
 TV시청이었지만 마침 조용한 시간이라 재미있는 입담을 즐기는 기분이었는데, 삶의 질에 대해 자신의 생각을 거침없이 말하고 표현하는 그분의 명쾌한 진단이 흥미로웠다.
 가장 공감을 느꼈던 부분은 '지금 행하라'는 주장이다.
 내가 할 수 있는 일을 지금 행하고 즐기라는 단순한 논리이지만 그게 어디 쉬운가?
 사람들은 흔히 은퇴, 즉 일을 접고 나서 '무엇을 하고 싶은가?'라는 질문에 여행을 가고 싶다고 한단다.
 여행? 어디로?

유럽.

유럽 어디로?

막연히 유럽이라고 답하면서 유럽 어느 곳으로, 어느 장소에 가서 무엇을 보고 싶은지는 답하지 못하는 불확실함.

내가 하고 싶고 보고 싶은 게 무엇인지, 지금 내가 왜 기분이 나쁜지, 무언가를 갖고 싶은데 그 이유가 무엇인지 구체적으로 생각해 보라는 충고다. 늘 기분이 나쁜 사람은 자기가 원하는 것이 무엇인지를 모르기 때문이라고도 했다.

나 역시 일상에서 느끼는 작은 행복이 내 삶의 질을 변화시키고 스스로를 행복하게 만들어 준다는 사실은 이론적으로 그렇다고 답하지만 미미한 행복이나마 느끼기 위해서 버리거나 담아야 할 것들이 너무 많다는 생각을 한다.

어떤 굴레 속에서 적당히 타협하는 일이 쉽지 않기에 짜증이나 불만, 불평이 따라 다니고 가끔은 불행하다는 자괴감에 빠질 때가 많은데, 곰곰이 되짚어 보면 좋아하는 일을 하지 못하기 때문이 아닌가 싶다. 그저 그렇게 습관적으로 살면서 이렇게 사는 게 보통의 삶인가 보다 했다.

'하고 싶은 일이 이것이다'라고도 말하지 못하는 건 잊었거나 잃어버린 꿈이 현실과 맞지 않아서일 거다.

평균 수명이 100세를 전후하는 이 시대에 30년 이상 노년기를 살아내야 하는 당장의 숙제를 풀기 위해서 내가 해야 할 것들이 행하기에 벅찬 것들이라 쓸쓸하다. 끊어내고 싶은 아픈 기억들, 무시하고 싶은 덴덕스러운 인연들, 어긋난 약속들에 대한 불쾌함 - 내가 반해서 평생의 위안이 되어준 실체가 없는 것이 참 불행하다.

김 교수는 독일 유학 중 비참할 만큼 외로울 때 슈베르트의 가곡을 듣고 위로를 받아, 이후로 그 노래를 들으면 힘이 되고 행복하다고 했다.

나도 남은 얼마간의 시간을 위해 이제라도 '슈베르트의 가곡'이 되어 줄 위로를 찾아야 하지 않을까.

오후를 걷다

 우체국은 시장입구를 지나 잠시 시간이 멈추어 선 듯한 골목을 지키고 있다. 내 걸음은 늘 우체국에서 멈추어지기에 건물을 지나 골목 안의 풍경을 들여다본 일이 없다. 시장통의 번잡함이 싫어 재바른 걸음으로 일을 마치고 서둘러 돌아오곤 하는데, 어제는 느긋하게 시장 구경을 하고 골목 안을 기웃거렸다. 닿을 듯 마주 선 두 집 사이로 골목은 길게 이어지고 집집마다 문 앞에 화분을 내어놓아 꽃이 웃고 있었다.
 '천사의 나팔'이라는 얼굴 큰 하얀 꽃이 유난히 많이 피어있어 누군가의 부지런한 손길이 골목을 채우는구나 끄덕여 본다. 기웃거리는 내게 어느 집에선가 강아지가 쪼르르 튀어나와 다가오더니 킁킁 냄새를 맡는다. 몸집이

작고 순해 보여 '예쁘다' 쓰다듬어주니 낯선 사람임에도 꼬리를 치는데 눈이 보이지 않는 것 같다. 두 눈이 다 하얗게 막이 씌워진 강아지는 머리를 내게 부비며 킁킁거렸다. 주인인가 확인하는 걸까?

멀리서 할아버지 한 분이 "멍이야!" 이름을 부르자 강아지는 제 자리에서 애타게 끙끙 소리를 내며 주인을 기다린다. 주인이 품에 안아 올리자 반기는 모양새가 애절하기까지 하다.

작아서 어린 강아지인 줄 알았더니 15살이나 된 노견이라고 했다. 백내장에 걸려 눈이 보이지 않는다고 주인은 애틋한 눈빛으로 강아지를 얼렀다. 한 번 더 쓰다듬고 돌아서는데 주인이 "정말 예쁘지요?" 했다.

"네, 잘 키우셨네요. 멍이야 잘 살아."

멍이라 불리며 15년을 살아 온 개 한 마리가 생면부지의 두 사람을 잠시나마 친한 이웃처럼 이야기를 나누게 했다. 내가 키우는 개와 같은 종(種)이라 시선이 가기도 했지만 경계심 없이 다가와 꼬리를 흔든 건 그 개가 사랑을 받았다는 증거다. 학대를 받은 개들은 절대로 사람 가까이에 오지 않는다. 멍이는 주인에게 오롯이 사랑을 받으면서 개의 수명을 채우고 있다. 15년 전후를 사는 개들이기에 눈까지 보이지 않으니 얼마나 더 살지는 모르겠지만 저렇게 애틋해하는 주인의 품에 있으니 얼마나 다행인가.

학대받고 버려지는 수많은 동물들의 딱한 사정을 보고 듣노라면 인간처럼 잔혹하고 고약한 생명체는 다시없지 싶다.

11살이 된 우리 집 강아지도 요즘은 움직임이 둔하다.

펄쩍 뛰어오르던 침대를 오르지 못해 작은아들 침대 가에서 올려 달라 끙끙대니 잠결에 올려주면, 좋다고 주인의 품을 파고든다. 조용해서 들여다보면 아들과 개는 사이좋게 머리를 마주하고 잠이 들어있다.

어느 때는 저렇게 정을 들이다 갑자기 가버리면 어쩌지? 하는 걱정마저 든다. 사람과의 정은 냉정하게 계산이 되어 '섭섭하다, 원망스럽다, 그럴 수는 없다' 등으로 소멸도 빠르다는데 일편단심 주인 향한 믿음과 집착 같은 사랑을 주고받은 저 작은 생명과의 이별은 오래도록 슬플 것이다.

집으로 돌아오니 내 사랑이 좋아 죽겠단다. 두어 시간의 이별이 견디기 힘들었다고 온몸으로 애정을 내보인다.

산다는 게 멜랑콜리하다.

스무 살 그네에게

잊었는가 싶었는데 남아있는 기억이 얼굴을 내밉니다.
그림자 되어 따라다니는 회색빛 그늘.
햇살 환한 거리에서 아쉬움 없이 버렸다 여겼습니다.
다 지워져 남아있는 그림자는 없으려니 했습니다.
햇살 한 줄 앞에 놓여도 되돌아서며, 그림자 한 점 없이
살았습니다.
가로등 불빛에서 그가 되살아나올 때까지
다 지워진 줄 알았습니다.
여리디여린 영혼이라 기억 따위는 의미 없다 했지요.
초점 없는 눈길에
아무것도 남아있지 않았는데,
보이는 것 하나 없었는데

문득 돌아보니 그네의 이마에는 수심이 가득 그늘로 앉아
있습니다.
깔깔 웃기에도 모자라는 스무 살 그네의 가슴에
무게로 앉은 서러운 기억을
가만가만 쓸어 주며 '잊으라' 합니다.
'잊히지 않거든 울어 버리라' 다독이는 나는,
지나가는 기억조차 무심했지요.
한 번의 가슴앓이는 스무 살 너에게 무게 된다고
자꾸 버리라 하는 나는
버리지 못한 무게가 늘 천 근인 것을….
아프다 글썽이는 스무 살 여린 너에게
그저 잊으라 하는 할 말 없는 아침.
내 가슴에도 천 근의 무게로 그의 그림자가 앉아
있습니다.

사랑도 집착이어라

사랑의 고백이 집착일 때가 있습니다.
열리지 않은, 혹은 열리지 않는 마음을 향해
돌을 던지듯, '전부'이기를 강요하는 사랑의 전달이
상대에게는 짐일 수밖에 없습니다.
적지않은 세월을 살고 보니 사랑에 혼을 앓는 일이
얼마나 덧없는가도 알 것 같습니다.
다가설수록 달아나려고 하는 그를 애써 지키고
잡으려 하지 마세요.
힘들겠지만, 냉정한 시선으로 보여지고 있는
그녀의 환상을 되돌아보십시오.
그리 급할 것도 없는 정착을 서두르지 말기를
부탁하고 싶습니다.

덧없는 열정에 상처를 내지 말고,
돌아서서 후회하지 않을 따뜻한 손을
기다려 보시기 바랍니다.
이 아침, 사랑을 앓는 '님'께
어쭙잖은 말참견을 보냅니다.